第三版前言

百年大计、教育为本。习近平总书记在党的二十大报告中明确指出："教育是国之大计、党之大计。培养什么人、怎样培养人、为谁培养人是教育的根本问题。育人的根本在于立德。全面贯彻党的教育方针，落实立德树人根本任务，培养德智体美劳全面发展的社会主义建设者和接班人。坚持以人民为中心发展教育，加快建设高质量教育体系，发展素质教育，促进教育公平。"这为广大的教育工作者指明了前行的方向，我们将此精神贯穿在教材编写过程中。职业教育作为一种类型教育，正处于高质量发展的重要时期，提质培优、产教融合、守正创新成为教育改革的主旋律。教材作为"三教"改革的重要抓手，是培养高素质技术技能型人才的重要载体；教材建设是推进课程思政建设的重要举措。

《审计实训》遵循"职业能力导向"原则，以重大错报风险的识别、评估和应对的风险导向审计为主线、以审计循环测试为重点、以审计工作底稿的编制为核心，突出对学生审计职业能力的培养与训练。为了进一步优化教材内容、拓展教材应用，编者于2023年对教材进行第三次修订。本次修订秉承了第二版教材的主体框架、体例设计、表现形式、核心内容，根据《职业院校教材管理办法》《高等学校课程思政建设指导纲要》《高等职业学校专业教学标准》等文件要求，及时反映大数据背景下会计行业升级和技术发展动态，吸收专业和课程建设成果。

由于作者专业水平和实践经验有限，本书难免存在错误或不当之处，恳请读者批评指正。

李 华

2023 年 8 月

国家文化产业资金支持媒体融合重大项目

浙江省优势专业建设成果
全国高等教育财务会计类专业教材

审计实训 （第三版）

Training for Auditing

李华 主编

东北财经大学出版社
Dongbei University of Finance & Economics Press

大连

图书在版编目（CIP）数据

审计实训 / 李华主编 . —3版 . —大连：东北财经大学出版社，2023.8
（2024.8 重印）
（全国高等教育财务会计类专业教材）
ISBN 978-7-5654-4888-1

Ⅰ . 审…　Ⅱ . 李…　Ⅲ . 审计学–高等学校–教材　Ⅳ . F239.0

中国国家版本馆 CIP 数据核字（2023）第 129168 号

东北财经大学出版社出版

（大连市黑石礁尖山街 217 号　邮政编码　116025）

网　　址：http://www.dufep.cn

读者信箱：dufep@dufe.edu.cn

大连永盛印业有限公司印刷　　东北财经大学出版社发行

幅面尺寸：185mm×260mm　字数：248千字　印张：10　插页：1

2023 年 8 月第 3 版　　　　　　2024 年 8 月第 2 次印刷

责任编辑：包利华　　　　　　　责任校对：何　群

封面设计：原　皓　　　　　　　版式设计：原　皓

定价：36.00 元

第二版前言

经济越发达，会计越重要，注册会计师作为会计行业的重要力量，自《国务院办公厅转发财政部关于加快发展我国注册会计师行业若干意见的通知》（国办发〔2009〕56号）发布以来，在创新行业管理体制机制、提升行业地位影响、服务行业做大做强等方面实现了一系列突破。同时，伴随着社会主义市场经济体制的不断发展和完善，我国注册会计师执业环境也发生了重大变化，一系列新法规制度的颁布实施，无疑对财经类专业审计课程的实践教学提出了新要求和新挑战。

《审计实训》总结多年教学实践的经验，在借鉴和吸收国内外优秀审计实训教材改革成果的基础上，遵循"职业能力导向"原则，以注册会计师审计实务的业务案例为载体、以中国注册会计师执业准则及其应用指南为基准、以重大错报风险的识别、评估和应对的风险导向审计为主线、以审计循环测试为重点、以审计工作底稿的编制为核心，突出对学生审计职业能力的培养与训练。

为进一步优化教材内容，丰富教材资源，拓展教材应用，编者于2020年对教材进行第二次修订。本次修订的《审计实训》主要变化如下：

1.对接国家税收新政策。2019年政府工作报告明确指出，深化增值税改革，部署落实更大规模减税。本次修订根据财政部、税务总局、海关总署联合发布的《关于深化增值税改革有关政策的公告》，将增值税一般纳税人发生增值税应税销售行为或者进口货物，原适用16%税率的，税率调整为13%；原适用10%税率的，税率调整为9%。

2.对标企业会计新准则。为了进一步规范会计处理，提高会计信息质量，本次修订根据财政部最新发布的《企业会计准则第14号——收入》《企业会计准则第22号——金融工具确认和计量》《企业会计准则第30号——财务报表列报》《关于修订印发2019年度一般企业财务报表格式的通知》等政策，相应地调整收入、交易性金融资产、会计报表等会计事项。

3.对应审计报告新标准。为提高注册会计师审计报告的信息含量，满足资本市场改革与发展对高质量会计信息的需求，本次修订根据财政部最新发布的《中国注册会计师审计准则第1501号——对财务报表形成审计意见和出具审计报告》《中国注册会计师审计准则第1502号——在审计报告中发表非无保留意见》《中国注册会计师审计准则第1503号——在审计报告中增加强调事项段和其他事项段》等政策，相应地调整审计报告的相关内容。

本实训教材主要包括审计基本技能、接受业务委托、计划审计工作、实施风险评估程序、销售与收款循环审计测试、采购与付款循环审计测试、存货与仓储循环审计测试、筹资与投资循环审计测试、货币资金及交易循环审计测试、出具审计报告等10个实训单元，设有【知识储备】【业务流程】【实训项目】【实训目的】【业务资料】【实训要求】【实训操作】【实训小结】【实训评价】等环节，辅以相关的实训教学操作指南，注重"教、学、做、练、考"的一体化，培养学生审计岗位的专业能力与职业素养。

本实训教材由长期从事审计教学与科研的骨干教师和注册会计师行业实务专家共同编写，

由浙江金融职业学院会计专业李华教授担任主编，由宋都基业投资股份有限公司财务副总监张蓓担任副主编，共同负责拟定编写大纲、撰写实训章节、教材的修改与定稿等工作。

由于作者专业水平和实践经验有限，本书难免存在错误或不当之处，恳请读者批评指正。

李　华

2020 年 8 月

第一版前言

经济越发达，会计越重要，注册会计师作为会计行业的重要力量，自《国务院办公厅转发财政部关于加快发展我国注册会计师行业若干意见的通知》（国办发〔2009〕56号）发布以来，在创新行业管理体制机制、提升行业地位影响、服务行业做大做强等方面实现了一系列突破。同时，伴随着社会主义市场经济体制的不断发展和完善，我国注册会计师执业环境也发生了重大变化，一系列新法规制度的颁布实施，无疑对财经类专业审计课程的实践教学提出了新要求和新挑战。

《审计实训》总结多年教学实践的经验，在借鉴和吸收国内外优秀审计实训教材最新成果的基础上，遵循"职业能力导向"原则，以注册会计师审计实务的业务案例为载体，以中国注册会计师执业准则及其应用指南为基准，以重大错报风险的识别、评估和应对的风险导向审计为主线，以审计循环测试为重点，以审计工作底稿的编制为核心，突出对学生审计职业能力的培养与训练。

本实训教材主要包括审计基本技能、接受业务委托、计划审计工作、实施风险评估程序、销售与收款循环审计测试、采购与付款循环审计测试、存货与仓储循环审计测试、筹资与投资循环审计测试、货币资金与交易循环审计测试、出具审计报告等10个实训单元，设有【知识储备】【业务流程】【实训项目】【实训目的】【业务资料】【实训要求】【实训操作】【实训小结】【实训评价】等环节，辅以相关的实训教学操作指南，注重"教、学、做、练、考"的一体化，培养学生审计岗位的专业能力与职业素养。

本实训教材由长期从事审计教学与科研的骨干教师和注册会计师行业实务专家共同编写，由浙江金融职业学院李华副教授担任主编，由宋都基业投资股份有限公司财务副总监张蓓担任副主编，共同负责拟定编写大纲、撰写实训章节、教材的修改与定稿等工作。

由于作者专业水平和实践经验有限，本书难免存在错误或不当之处，恳请读者批评指正。

李 华

2017年5月

目　录

实训一　审计基本技能

【知识储备】
- ➤ 审计证据的基本分类与特征
- ➤ 审计证据的取得与整理方法
- ➤ 审计工作底稿的基本要素与主要内容
- ➤ 审计工作底稿复核和归档的基本要求

【业务流程】

审计取证的业务流程具体如图1-1所示。

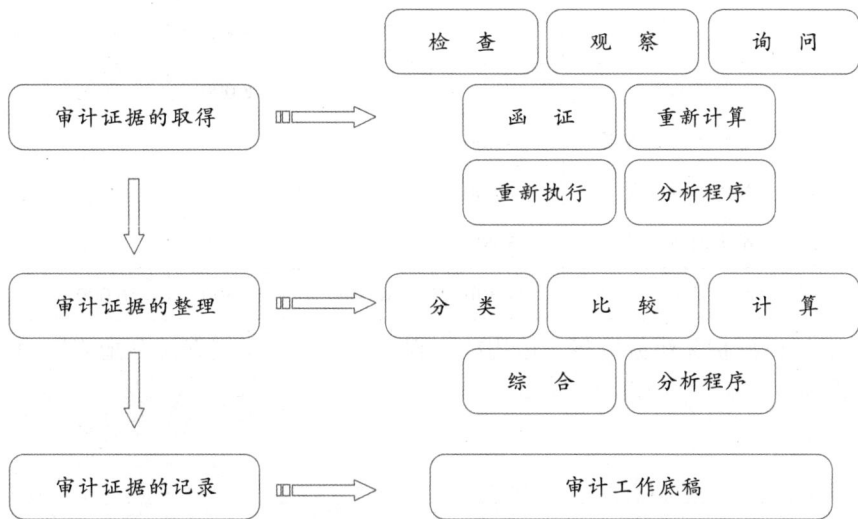

图1-1　审计取证的业务流程

【实训项目】

审计基本技能的实训项目具体如图1-2所示。

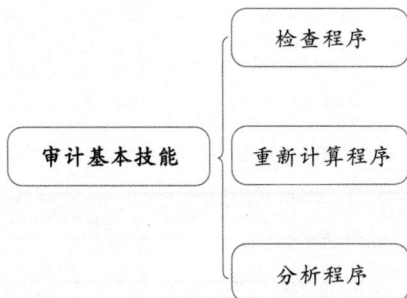

图1-2　实训项目结构树

项目1	检查程序

【实训目的】掌握检查程序的基本方法。

【业务资料】审计人员对被审计单位的财务报表项目进行审计时，发现该公司12月份的"工资费用分配表"具体见表1-1。

表1-1　　　　　　　　　　　　　**工资费用分配表**　　　　　　　　　　　　　单位：元

部门	人员类别	生产成本	制造费用	管理费用	销售费用	应付职工薪酬
生产车间	生产工人	47 000				
	管理人员	8 500				
销售部门	门店工作人员				6 000	
财务部门	会计人员		6 000			
医务室	医务人员			5 500		
厂部	管理人员			8 000		
其他	固定资产清理人员	4 000				
	在建工程人员	12 000				
	筹建期间人员	5 800				
合　计		77 300	6 000	13 500	6 000	—

【实训要求】根据相关业务资料，运用检查程序，指出"工资费用分配表"中的错误，并提出相关建议。

【实训操作】

_____

_____

_____

_____

_____

_____

_____

_____

_____

检查程序

项目2　　　　　　　　　　　　**重新计算程序**

【实训目的】掌握重新计算程序的基本方法。

【业务资料】审计人员对被审计单位的财务报表项目进行审计时，发现公司对应收账款采用账龄分析法计提坏账准备（具体见表1-2）。

表 1-2　　　　　　　　　　　　**账龄计提比率一览表**

账龄	计提比率	账龄	计提比率
1年（含1年）以内	10%	2～3年（含3年）	40%
1～2年（含2年）	20%	3年以上	80%

被审计单位年末未经审计的"应收账款"账面价值为借方15 200元，其中，"应收账款"账面余额为借方16 000元（具体见表1-3），"坏账准备"余额为贷方800元（年初余额为贷方600元）。

表 1-3　　　　　　　　　　　　**应收账款余额一览表**

账龄	账面余额（元）	账龄	账面余额（元）
1年（含1年）以内	9 000	2～3年（含3年）	3 000
1～2年（含2年）	2 000	3年以上	2 000

【实训要求】根据相关业务资料，重新计算坏账准备的计提金额（具体见表1-4）。

【实训操作】

表 1-4　　　　　　　　　　　　**坏账准备计算表**

序号	账龄	账面余额（元）	计提比率	计提金额（元）
1				
2				
3				
4				
合　计				

审计说明：

_____

_____

_____

_____

项目3	分析程序

【实训目的】掌握分析程序的基本方法。

【业务资料】审计人员对被审计单位的财务报表项目进行趋势分析测试，并在此基础上汇总分析性测试的结果，初步确定审计的重点。

【实训要求】

1. 根据相关业务资料，完成"资产负债表和利润表横向趋势分析"工作底稿（具体见工作底稿1-1）。

2. 根据相关业务资料，完成"资产负债表纵向趋势分析"工作底稿（具体见工作底稿1-2）。

3. 根据相关业务资料，完成"财务比率趋势分析"工作底稿（具体见工作底稿1-3）。

4. 根据相关业务资料，完成"分析性测试情况汇总表"工作底稿（具体见工作底稿1-4）。

【实训操作】

工作底稿1-1　　　　　　　　　**资产负债表和利润表横向趋势分析**　　　　　　金额单位：元

财务报表项目 （部分）	2021年 已审数 ①	2022年 未审数 ②	2022年比2021年增长		异常项目 （用★表示）
			金额 ③=②-①	百分比 ④=③÷①	
营业收入	38 019	28 399			
营业成本	29 842	21 762			
营业利润	7 685	6 159			
利润总额	310	−1 017			
净利润	277	−1 017			
存货	23 034	19 206			
应收账款	21 847	25 488			
速动资产	22 661	26 907			
流动资产	52 125	55 023			
流动负债	50 088	51 979			
固定资产	27 857	27 358			
在建工程	1 822	1 036			
资产合计	82 837	85 367			
负债合计	63 351	66 276			
实收资本	13 421	14 053			
所有者权益合计	19 486	19 091			

说明：异常项目是指增减比例超过10%的项目。

工作底稿1-2　　　　　　**资产负债表纵向趋势分析**　　　　　　金额单位：元

财务报表项目（部分）	2021年		2022年		百分比变动（%）⑤=④-②	异常项目（用★表示）
	已审数①	百分比②	未审数③	百分比④		
流动资产	52 125		55 023			
长期股权投资	554		554			
固定资产	27 857		27 358			
在建工程	1 822		1 036			
长期待摊费用	479		1 285			
无形资产	0		111			
资产合计	82 837		85 367			
流动负债	50 088		51 979			
长期借款	13 263		14 297			
非流动负债	13 263		14 297			
负债合计	63 351		66 276			
实收资本	13 421		14 053			
其他权益	6 065		5 038			
所有者权益合计	19 486		19 091			

说明：异常项目是指增减比例超过10%的项目。

工作底稿1-3　　　　　　**财务比率趋势分析**

比率指标	计算公式	2021年（%）①	2022年（%）②	百分比变动（%）③=②-①	异常项目（用★表示）
偿债能力比率					
1.流动比率	流动资产/流动负债				
2.速动比率	速动资产/流动负债				
财务杠杆比率					
1.负债比率	负债总额/资产总额				
2.资产对负债比率	资产总额/负债总额				
经营效率比率					
1.存货周转率	营业成本/存货				
2.应收账款周转率	营业收入/应收账款				
3.总资产周转率	营业收入/总资产				
获利能力比率					
1.销售利润率比率	利润总额/营业收入				
2.净资产报酬率	净利润/净资产				

说明：异常项目是指增减比例超过50%的项目。

工作底稿1-4　　　　　　　**分析性测试情况汇总表**

测试项目	重要事项说明
资产负债表横向趋势分析表	
资产负债纵向趋势分析表	
利润表横向趋势分析表	
财务比率趋势分析表	
项目经理初步确定的审计重点	

分析程序

【实训小结】
审计基本技能训练标准具体见表1-5。

表 1-5　　　　　　　　　　审计基本技能训练标准

序号	实训内容	能力训练标准
1	检查程序	➢ 检查记录 ➢ 检查文件 ➢ 检查有形资产
2	重新计算程序	➢ 采用人工方式对相关数据进行计算 ➢ 采用计算机辅助审计技术对相关数据进行计算
3	分析程序	➢ 对财务报表进行横向趋势分析 ➢ 对财务报表进行纵向趋势分析 ➢ 对重要财务比率进行趋势分析

【实训评价】
审计基本技能评价具体见表1-6。

表 1-6　　　　　　　　　　审计基本技能评价表

序号	评分项目	学生自评
1	检查程序	□优秀　□良好　□中等　□合格　□不合格
2	重新计算程序	□优秀　□良好　□中等　□合格　□不合格
3	分析程序	□优秀　□良好　□中等　□合格　□不合格
实训总结		
教师评价		教师签字:
综合评价		□优秀　□良好　□中等　□合格　□不合格

实训二　接受业务委托

【知识储备】

> 初步了解和评价客户的主要内容
> 获取与评价业务承接的相关内容
> 利用专家或其他审计师工作的主要内容
> 初步评估舞弊的审计程序
> 创建审计业务流程；审计业务约定书的拟定工作
> 满足并超越客户期望的主要内容

【业务流程】

会计师事务所接受业务委托的业务流程具体如图2-1所示。

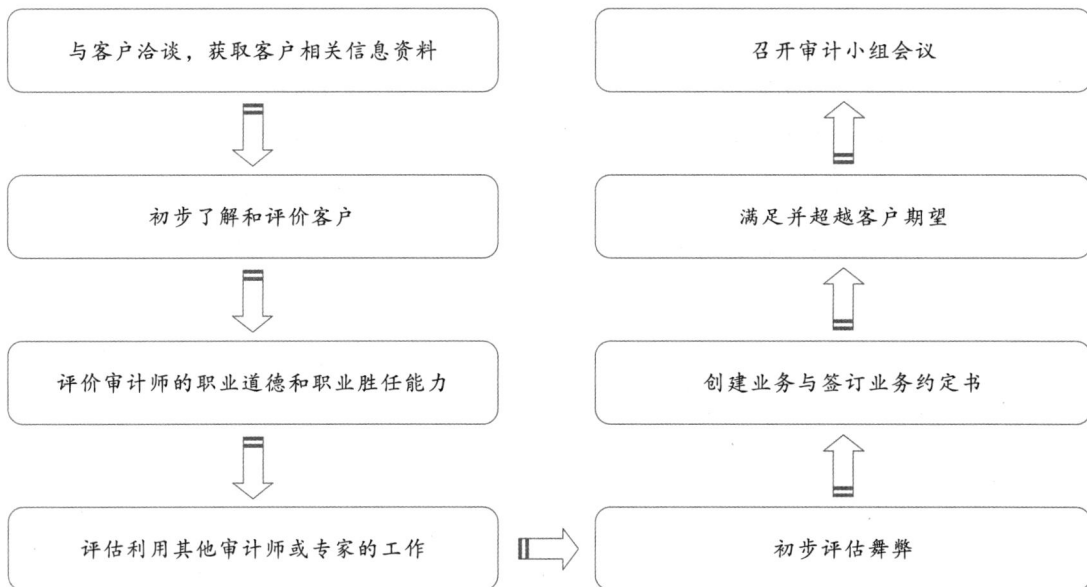

```
与客户洽谈，获取客户相关信息资料            召开审计小组会议
          ↓                                    ↑
   初步了解和评价客户                      满足并超越客户期望
          ↓                                    ↑
评价审计师的职业道德和职业胜任能力        创建业务与签订业务约定书
          ↓                                    ↑
评估利用其他审计师或专家的工作  ⇒⇒          初步评估舞弊
```

图2-1　接受业务委托的业务流程

【实训项目】

接受业务委托的实训项目具体如图2-2所示。

```
                      ┌── 审计独立性的判断
接受业务委托 ────┤── 审计业务的承接
                      └── 审计业务约定书的签订
```

图2-2　实训项目结构树

| 项目1 | 审计独立性的判断 |

【实训目的】 掌握审计独立性的判断方法。

【业务资料】 杭州华丰有限责任公司拟委托大地会计师事务所对公司2022年度的财务报表进行审计。大地会计师事务所经初步了解，被审计单位存在以下情况：

1. 杭州华丰有限责任公司由于财务人员短缺，2022年年初向大地会计师事务所借用一名注册会计师，由该注册会计师将经会计主管审核的记账凭证录入财务软件系统。大地会计师事务所并不打算将该注册会计师作为杭州华丰有限责任公司2022年度财务报表审计项目组成员。

2. 杭州华丰有限责任公司要求大地会计师事务所出具审计报告的同时，提供内部控制审核报告。

3. 杭州华丰有限责任公司要求大地会计师事务所针对审计过程中发现的问题，向该公司提出会计政策选用和会计处理的调整建议，并协助其解决相关账户调整问题。

【实训要求】 根据相关业务资料，进行审计独立性判断，确定大地会计师事务所是否可以承接此项业务。

【实训操作】

_____

_____

_____

_____

_____

_____

_____

_____

_____

_____

_____

_____

审计独立性的判断

| 项目2 | 审计业务的承接 |

【实训目的】 掌握审计业务承接的基本方法。

【业务资料】大地会计师事务所根据初步了解的情况，决定承接杭州华丰有限责任公司2022年度财务报表的审计业务，委派李琦担任审计项目组负责人，于2023年1月10日实施业务承接评价程序，项目合伙人为冯敏。公司基本情况如下：

公司名称：杭州华丰有限责任公司

英文名称：Hangzhou Huafeng Limited Liability Company

法定代表人：李国强

注册地址：浙江杭州市下沙工业园区188号（邮编：310018）

办公地址：浙江杭州市下沙工业园区188号（邮编：310018）

电　　话：0571-88703699

传　　真：0571-88703692

公司网址：http://hzhfyxzrgs.cn

公司电子邮箱：huafeng@zjhz.cn

公司联系人：李坤菲

公司性质：民营企业，无任何子公司、合营企业、联营企业、分公司

公司经营范围：公司属于食品生产与加工行业，主要生产和销售矿泉水、饼干、巧克力等休闲食品

治理层及管理层关键人员：董事长——王建华

　　　　　　　　　　　　总经理——魏华敏

　　　　　　　　　　　　副总经理——马晓岳、丁琳

主要财务人员：财务经理——纪菲菲

　　　　　　　　会计主管——何静（业务联系人）

　　　　　　　　无常年会计顾问

公司控制关系：公司董事长持股比率35%；其他投资者6人，平均每人持股比率10%；总经理持股比率5%

主管税务机关：浙江省杭州市税务局下沙分局

　　　　　　　　（统一社会信用代码：910153901120892201）

公司法律顾问：杭州正信律师事务所陈刚律师（联系方式：0571-88764311）

其他情况：

1. 杭州华丰有限责任公司原委托的会计师事务所因经营场所变更，无法承接该公司2022年度财务报表审计业务，经原会计师事务所主审人员推荐，改为委托大地会计师事务所。此前，无变更会计师事务所的记录。

2. 通过浙江省信用中心了解到该公司信用等级为AAA。通过前任会计师事务所了解，该公司财务报表一直无重大差错和舞弊。

3. 通过对该公司近3年财务报表以及其所处的环境进行综合分析，公司在未来3年内无重大经营风险。公司未发行任何债券，无其他融资行为。公司按照《企业会计准则》的规定编制财务报表。

4. 按照相关规定，本次审计费用总额为人民币30 000元（其中，人工费15 000元，办公费5 000元，差旅费5 000元，其他杂费5 000元），要求杭州华丰有限责任公司于审计业务约定书签署之日起30日内预付50%的审计费用，其余款项于审计报告送达之日起7日内结清。双方

协商确定于2023年3月15日前出具相关审计报告。

　　5. 前任会计师事务所名称：杭州天华会计师事务所；项目经理：张天翼；联系方式：0571-88234226。

　　【实训要求】根据相关业务资料，完成"业务承接评价表"工作底稿（具体见工作底稿2-1）。

　　【实训操作】

工作底稿2-1　　　　　　　　　　**业务承接评价表**

被审计单位名称：_____　　索引号：_____　页次：_____

　　　　　　　　　　　　　　　　　　　　　　　　执行人：_____　日期：_____

会　计　期　间：_____　　复核人：_____　日期：_____

1. 客户法定名称（中/英文）：_____

2. 客户地址：_____

　　电话：_____　　　　　传真：_____

　　电子信箱：_____　　　网址：_____

　　联系人：_____

3. 客户性质（国有/外商投资/民营/其他）：_____

4. 客户所属行业、业务性质与主要业务：_____

5. 最初接触途径（详细说明）：_____

（1）本所职工引荐_____

（2）外部人员引荐_____

（3）其他（详细说明）

6. 客户要求我们提供审计服务的目的以及出具审计报告的日期：_____

7. 治理层及管理层关键人员（姓名与职位）：

姓名	职位

8. 主要财务人员（姓名与职位）：

姓名	职位

9. 直接控股母公司、间接控股母公司、最终控股母公司的名称、地址、相互关系、主营业务及持股比例：_____

10.子公司的名称、地址、相互关系、主营业务及持股比例:

_____

_____

11.合营企业的名称、地址、相互关系、主营业务及持股比例:

_____

_____

12.联营企业的名称、地址、相互关系、主营业务及持股比例:

_____

_____

13.分公司名称、地址、相互关系、主营业务:

_____

_____

14.客户主管税务机关:

_____

15.客户法律顾问或委托律师(机构、经办人、联系方式):

_____

16.客户常年会计顾问(机构、经办人、联系方式):

_____

17.前任注册会计师(机构、经办人、联系方式),变更会计师事务所的原因,以及最近3年变更会计师事务所的频率:

_____

_____

_____

18.根据对客户及其环境的了解,记录下列事项:

客户的诚信
信息来源:
考虑因素: •客户主要股东、关键管理人员、关联方及治理层的身份和商业信誉 •客户的经营性质 •客户主要股东、关键管理人员及治理层对内部控制环境和会计准则等的态度 •客户是否过分考虑将会计师事务所的收费维持在尽可能低的水平 •工作范围受到不适当限制的迹象 •客户可能涉嫌洗钱或其他刑事犯罪行为的迹象 •变更会计师事务所的原因 •关键管理人员是否更换频繁 　……

经营风险

信息来源：

考虑因素：
- 行业内类似企业的经营业绩
- 法律环境
- 监管环境
- 受国家宏观调控政策的影响程度
- 是否涉及重大法律诉讼或调查
- 是否计划或有可能进行合并或处置资产
- 客户是否依赖主要客户（来自该客户的收入占全部收入的大部分）或主要供应商（来自该供应商的采购占全部采购的大部分）
- 管理层是否倾向于异常或不必要的风险
- 关键管理人员的薪酬是否基于客户的经营状况确定
- 管理层是否在达到财务目标或降低所得税方面承受不恰当的压力
  ……

财务状况

信息来源：

考虑因素：
- 现金流量或营运资金是否能够满足经营、债务偿付以及分发股利的需要
- 是否存在对发行新债务和权益的重大需求
- 贷款是否延期未清偿，或存在违反贷款协议条款的情况
- 最近几年销售、毛利率或收入是否存在恶化的趋势
- 是否涉及重大关联方交易
- 是否存在复杂的会计处理问题
- 客户融资后，其财务比率是否恰好达到发行新债务或权益的最低要求
- 是否使用衍生金融工具
- 是否经常在年末或临近年末发生重大异常交易
- 是否对持续经营能力产生怀疑
  ……

客户的风险级别（高/中/低）：＿＿＿＿＿＿＿＿＿＿

19.根据本所目前的情况，考虑下列事项：

项目组的时间和资源
考虑因素：
•根据本所目前的人力资源情况，是否拥有足够的具有必要素质和专业胜任能力的人员组建项目组
•是否能够在提交报告的最后期限内完成业务
项目组的专业胜任能力
考虑因素：
•初步确定的项目组关键人员是否熟悉相关行业或业务对象
•初步确定的项目组关键人员是否具有执行类似业务的经验，或是否具备有效获取必要技能和知识的能力
•在需要时，是否能够得到专家的帮助
•如果需要项目质量控制复核，是否具备符合标准和资格要求的项目质量控制复核人员
独立性
经济利益
考虑因素：
本所或项目组成员是否存在经济利益对独立性的损害：
•与客户存在专业服务收费以外的直接经济利益或重大的间接经济利益
•过分依赖向客户收取的全部费用
•与客户存在密切的经营关系
•过分担心可能失去业务
•可能与客户发生雇佣关系
•存在与该项审计业务有关的或有收费
自我评价
考虑因素：
本所或项目组成员是否存在自我评价对独立性的损害：
•项目组成员曾是客户的董事、经理、其他关键管理人员或能够对本业务产生直接重大影响的员工
•为客户提供直接影响财务报表的其他服务
•为客户编制用于生成财务报表的原始资料或其他记录
关联关系
考虑因素：
本所或项目组成员是否存在关联关系对独立性的损害：
•与项目组成员关系密切的家庭成员是客户的董事、经理、其他关键管理人员或能够对本业务产生直接重大影响的员工
•客户的董事、经理、其他关键管理人员或能够对本业务产生直接重大影响的员工是本所的前高级管理人员
•本所的高级管理人员或签字注册会计师与客户长期交往
•接受客户或其董事、经理、其他关键管理人员或能够对本业务产生直接重大影响的员工的贵重礼品或超出社会礼仪的款待
外界压力
考虑因素：
本所或项目组成员是否存在外界压力对独立性的损害：
•在重大会计、审计等问题上与客户存在意见分歧而受到解聘威胁
•受到有关单位或个人不恰当的干预
•受到客户降低收费的压力而不恰当地缩小工作范围

预计收取的费用及可回收比率
预计审计收费： 预计成本（计算过程）：   可回收比率：

20.其他方面的意见：

项目负责合伙人：＿＿＿＿＿＿＿＿＿＿　　风险管理负责人（必要时）：＿＿＿＿＿＿＿

基于上述方面，我们＿＿＿＿＿（接受或不接受）　　基于上述方面，我们＿＿＿＿＿（接受或不接受）

此项业务。　　　　　　　　　　　　　　　　此项业务。

　　签名：＿＿＿＿＿＿＿＿＿＿＿　　　　　　　签名：＿＿＿＿＿＿＿＿＿＿＿

　　日期：＿＿＿＿＿＿＿＿＿＿＿　　　　　　　日期：＿＿＿＿＿＿＿＿＿＿＿

最终结论：   　　　　　　　　签名：　　　　　　　日期：　　年　月　日

审计业务的承接

项目3　　审计业务约定书的签订

【实训目的】掌握审计业务约定书的拟定方法。

【业务资料】大地会计师事务所接受杭州华丰有限责任公司委托，对其2022年度的财务报表实施审计。双方约定相关事项如下：

1. 本次审计服务收费为人民币30 000元，要求杭州华丰有限责任公司于审计业务本约定书签署之日起30日内预付50%的审计费用，其余款项于审计报告送达之日起7日内结清。

2. 杭州华丰有限责任公司于2023年1月20日前，向大地会计师事务所提供其所要求的全部会计资料和其他相关审计资料，并保证所提供资料的真实性和完整性。

3. 大地会计师事务所按照约定时间完成审计工作，于2023年3月15日前出具审计报告，审计报告一式五份。

其余条款均遵循中国注册会计师审计准则的相关规定。审计业务约定书签订时间为2023年1月15日，会计师事务所法定代表人张洪亮。

【实训要求】根据相关业务资料，拟定审计业务约定书（具体见工作底稿2-2）。

【实训操作】

工作底稿2-2   **审计业务约定书**

甲方：

乙方：

一、审计目的

二、审计范围

三、甲方的责任与义务

（一）甲方的责任

（二）甲方的义务

四、乙方的责任与义务

（一）乙方的责任

（二）乙方的义务

五、出具审计报告的时间要求

乙方应于_____年____月____日前出具审计报告，乙方向甲方致送审计报告一式____份。

六、审计报告的使用责任

1.乙方按照《中国注册会计师审计准则第1501号——对财务报表形成审计意见和出具审计报告》和《中国注册会计师审计准则第1502号——在审计报告中发表非无保留意见》规定的格式和类型出具审计报告。

2.甲方在提交或对外公布审计报告时，不得修改乙方出具的审计报告及其后附的已审计财务报表。当甲方认为有必要修改会计数据、报表附注和所作的说明时，应当事先通知乙方，乙方将考虑有关的修改对审计报告的影响，必要时，将重新出具审计报告。

七、审计收费

1.本次审计服务的收费是以乙方各级别工作人员在本次工作中所耗费的时间为基础计算的。乙方预计本次审计服务的费用总额为人民币_____万元。

2.甲方应于本约定书签署之日起_____日内支付_____的审计费用，其余款项于审计报告送达之日起____日内结清。

3.如果由于无法预见的原因，致使乙方从事本约定书所涉及的审计服务实际时间较本约定书签订时预计的时间有明显的增加或减少时，甲乙双方应通过协商，相应调整本约定书第七条第1项下所述的审计费用。

4.如果由于无法预见的原因，致使乙方人员抵达甲方的工作现场后，本约定书所涉及的审计服务不再进行，甲方不得要求退还预付的审计费用。

5.与本次审计有关的其他费用（包括交通费、食宿费等）由甲方承担。

八、审计业务约定书的有效期限

本约定书自签署之日起生效，并在双方履行完毕本约定书约定的所有义务后终止。

九、约定事项的变更

如果出现不可预见的情况，影响审计工作如期完成，或需要提前出具审计报告，甲、乙双方均可要求变更约定事项，但应及时通知对方，并由双方协商解决。

十、违约责任

甲、乙双方按照《中华人民共和国民法典》的规定承担违约责任。

本约定书的所有方面均应适用中华人民共和国法律进行解释并受其约束。本约定书履行地为乙方出具审计报告所在地，因本约定书所引起的或与本约定书有关的任何纠纷或争议（包括关于本约定书条款的存在、效力或终止，或无效之后果），双方选择以下第_____种解决方式：

1.向有管辖权的人民法院提起诉讼；

2.提交杭州仲裁委员会仲裁。

十一、其他约定事项

本约定书一式两份，甲、乙方各执一份，具有同等法律效力。

甲方：   乙方：

法定代表人：   法定代表人：

　　　年　　月　　日   　　　年　　月　　日

审计业务约定书的签订

【实训小结】

接受业务委托能力训练标准具体见表2-1。

表 2-1 接受业务委托能力训练标准

序号	实训内容	能力训练标准
1	审计独立性的判断	➢ 判断注册会计师的独立性 ➢ 判断注册会计师的专业胜任能力 ➢ 填制初步业务风险评价的相关底稿
2	审计业务的承接	➢ 理解客户委托的审计事项 ➢ 了解客户所在行业及其风险因素 ➢ 了解客户的业务运行情况 ➢ 了解客户的主要财务政策 ➢ 填制初步业务活动的相关底稿
3	审计业务约定书的签订	➢ 确定是否承接审计业务 ➢ 掌握审计业务约定书的构成要素 ➢ 与客户充分沟通审计业务约定书的内容 ➢ 签订审计业务约定书

【实训评价】

接受业务委托能力评价具体见表2-2。

表 2-2 接受业务委托能力评价表

序号	评分项目	学生自评
1	审计独立性的判断	□优秀　□良好　□中等　□合格　□不合格
2	审计业务的承接	□优秀　□良好　□中等　□合格　□不合格
3	审计业务约定书的签订	□优秀　□良好　□中等　□合格　□不合格
实训总结		
教师评价		教师签字：
综合评价		□优秀　□良好　□中等　□合格　□不合格

实训三　计划审计工作

➢ 总体审计策略的影响因素与具体内容

➢ 具体审计计划的影响因素与具体内容

➢ 重要性水平的含义；财务报表层次以及各类交易、账户余额、列报认定层次重要性水平的确定方法

➢ 审计风险的模型；审计风险、重大错报风险的评价方法以及检查风险的计算方法

【业务流程】

计划审计工作的业务流程具体如图3-1所示。

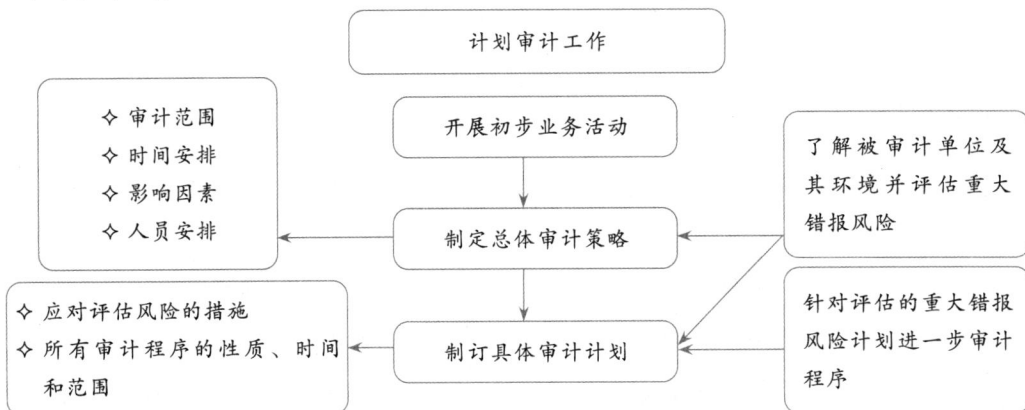

图3-1　计划审计工作的业务流程

【实训项目】

计划审计工作的实训项目具体如图3-2所示。

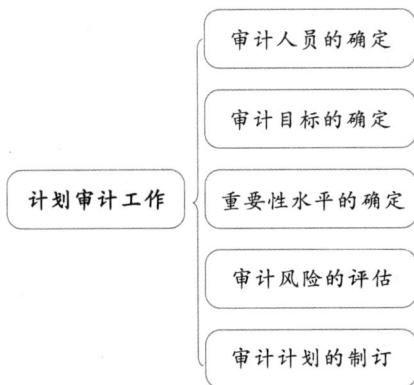

图3-2　实训项目结构树

项目 1　　　　　审计人员的确定

【实训目的】掌握审计人员的确定方法。

【业务资料】2023 年 1 月大地会计师事务所接受杭州华丰有限责任公司的委托，负责该公司 2022 年度财务报表审计工作，并委派李琦担任审计项目组负责人。该业务的项目合伙人为冯敏。在审计过程中，审计项目组初定成员与被审计单位有关人员存在如下关系：

1. 审计项目组成员王俊与杭州华丰有限责任公司基建处处长蒋国强是战友，蒋国强将公司职员集资建房的指标转让给王俊，王俊按照公司职员的付款标准交付了集资款。

2. 审计项目组成员张莉与杭州华丰有限责任公司财务总监毕业于同一所财经院校。

3. 审计项目组成员钱凯的女儿今年大学毕业，在审计业务委托前，已与公司签约，准备到杭州华丰有限责任公司会计部门工作。

4. 审计项目组成员赵雯曾于杭州华丰有限责任公司财务部工作，2016 年 10 月已离职。

【实训要求】根据相关业务资料，确定本次项目组的审计人员。

【实训操作】

审计人员的确定

项目2　　　　　　　审计目标的确定

【实训目的】掌握审计目标的确定方法。

【业务资料】注册会计师赵雯在对杭州华丰有限责任公司2022年度财务报表进行审计时，发现杭州华丰有限责任公司存在下列各类交易和事项：

1. 已列入存货的委托华新公司代销的存货可能不存在；

2. 期末存货的盘点可能存在较大的差错；

3. 管理费用的明细账合计与总账可能不符；

4. 可能存在未入账的应付账款；

5. 长期借款中可能存在一年内到期的部分款项；

6. 年前开出的支票均在年前入账。

【实训要求】根据相关业务资料，指出上述各类交易和事项的相关认定以及与之对应的审计目标（具体见表3-1）。

【实训操作】

表3-1　　　　　各类交易和事项的相关认定及与之对应的审计目标

各类交易和事项	认定	审计目标
1.已列入存货的委托华新公司代销的存货可能不存在		
2.期末存货的盘点可能存在较大的差错		
3.管理费用的明细账合计与总账可能不符		
4.可能存在未入账的应付账款		
5.长期借款中可能存在一年内到期的部分款项		
6.年前开出的支票均在年前入账		

审计目标的确定

项目3　　　　　　重要性水平的确定

【实训目的】掌握重要性水平的确定方法。

【业务资料】注册会计师李琦对杭州华丰有限责任公司2022年度财务报表进行审计，其未经审计的部分财务报表项目金额见表3-2。

表3-2　　　　　　　部分财务报表项目金额　　　　　　　　单位：元

总资产	净资产	营业收入	净利润
677 009 773	379 275 973	397 032 600	49 596 400

假定以总资产、净资产、营业收入和净利润作为判断基础，采用固定比率法确定财务报表层次的重要性水平，其固定百分比数值分别为0.5%、1%、0.5%、10%。

注册会计师张莉根据以往的审计经验，将财务报表层次的重要性水平分配至账户层次，具体分配原则如下：

1. 任何一个项目的可容忍误差不能超过报表总体的重要性水平的60%。

2. 所有项目可容忍误差之和不能超过报表总体重要性水平的2倍。

【实训要求】

1. 根据相关业务资料，确定公司财务报表层次的重要性水平。

2. 根据相关业务资料，完成账户层次重要性水平的分配工作（具体见表3-3）。

【实训操作】

表 3-3 各报表项目可容忍误差

资产	可容忍误差	负债及所有者权益	可容忍误差
货币资金		应付账款	
应收账款		应付票据	
存货		应付职工薪酬	
其他流动资产		应付股利	
固定资产		实收资本	
		盈余公积	

重要性水平的确定

项目4　　审计风险的评估

【实训目的】掌握审计风险的评估方法。

【业务资料】经大地会计师事务所注册会计师李琦确定，本项目可接受的审计风险为5％，根据以往审计经验以及本年度审计人员对公司及其环境的了解与评估，确定杭州华丰有限责任公司的重大错报风险为24％。

【实训要求】根据相关业务资料，确定被审计单位可接受的检查风险。

【实训操作】

_____

_____

_____

_____

_____

_____

审计风险的评估

项目 5   审计计划的制订

【实训目的】掌握总体审计策略的制定方法。

【业务资料】注册会计师李琦对杭州华丰有限责任公司的基本情况、分析性测试结果以及审计风险初步评价情况（具体见表3-4）进行综合考虑，确定了本次审计重点主要包括营业收入项目、营业成本项目、应收账款项目、存货项目、在建工程项目等领域，并在此基础上制订本项目的审计计划。

表 3-4   审计风险初步评价表

	项目	说明	风险
委托人 基本情况	委托原因	法定年报审计	低
	审计内容	2022年度财务报表	低
	委托人动机	正常	低
被审计 单位基本 情况	公司性质	民营企业，无任何子公司、合营企业、联营企业、分公司	低
	行业环境	食品生产与加工行业，销售比较稳定，少数产品受进口材料价格的影响	低
	产品销售情况	正常	低
	会计政策	企业会计准则	中
	上期是否经过审计	是	低
	是否连续亏损	否	无
	资产负债率	23.92%	低
	内部管理制度	一般	中
	有否存在潜在因素	不明显	中
	是否存在范围限制	不存在	低
变更 事务所 情况	变更原因	原会计师事务所变更经营场所	低
	是否已与前任沟通	已沟通	低
	是否得到并评价回复	已查阅底稿	低
事务所 专业胜任 能力	独立性	不存在问题	低
	胜任能力	能胜任	低
	是否向客户提供其他 专业服务	否	低
	是否有充足的人力和 时间执行审计	是	低

　　本次审计项目的负责人为注册会计师李琦，项目组成员主要包括钱凯、赵雯、张莉3位注册会计师。其中：李琦主要负责审计计划制订、审计工作的进度控制、审计工作底稿的复核工作；其他注册会计师主要负责审计项目的具体实施工作。项目合伙人冯敏负责审计工作底稿的复核工作。

　　本次审计工作对外报告时间是2023年3月15日，执行审计时间安排是2023年1月15日—2月28日，沟通的时间安排是2023年3月1日—3月15日。

【实训要求】根据相关业务资料，完成"总体审计策略"工作底稿（具体见工作底稿3-1）。

【实训操作】

工作底稿3-1　　　　　　　　　**总体审计策略**

被审计单位名称：＿＿＿＿＿＿＿＿＿＿　　索引号：＿＿＿＿＿　页次：＿＿＿＿＿

　　　　　　　　　　　　　　　　　　　　执行人：＿＿＿＿＿　日期：＿＿＿＿＿

会　计　期　间：＿＿＿＿＿＿＿＿＿＿　　复核人：＿＿＿＿＿　日期：＿＿＿＿＿

一、审计范围

报告要求	
适用的会计准则和相关会计制度	
适用的审计准则	
与财务报告相关的行业特别规定	
需审计的集团内组成部分的数量及所在地点	
需要阅读的含有已审计财务报表的文件中的其他信息	
制定审计策略需考虑的其他事项	

二、审计业务时间安排

（一）对外报告时间安排：＿＿＿＿＿＿＿＿＿＿＿＿＿＿＿＿＿＿＿＿＿＿＿

（二）执行审计时间安排：＿＿＿＿＿＿＿＿＿＿＿＿＿＿＿＿＿＿＿＿＿＿＿

（三）沟通的时间安排：＿＿＿＿＿＿＿＿＿＿＿＿＿＿＿＿＿＿＿＿＿＿＿

三、影响审计业务的重要因素

（一）重要性

确定的重要性水平	索引号

（二）可能存在较高重大错报风险的领域

可能存在较高重大错报风险的领域	索引号

四、人员安排

职位	姓名	主要职责

五、修订计划记录

审计计划的制订

【实训小结】

计划审计工作能力训练标准具体见表3-5。

表 3-5 　　　　　　　　　　　　　　计划审计工作能力训练标准

序号	实训内容	能力训练标准
1	审计人员的确定	➤ 判断审计的独立性 ➤ 判断专业胜任能力
2	审计目标的确定	➤ 确定审计总体目标 ➤ 确定被审计单位管理层的认定 ➤ 确定审计具体目标
3	重要性水平的确定	➤ 确定报表层次重要性水平 ➤ 确定各类交易、账户余额与列报认定层次的重要性水平 ➤ 执行的重要性水平
4	审计风险的评估	➤ 确定固有风险水平 ➤ 确定控制风险水平 ➤ 确定检查风险水平
5	审计计划的制订	➤ 确定审计总体策略 ➤ 制订具体审计计划

【实训评价】

计划审计工作能力评价具体见表3-6。

表 3-6　　　　　　　　　　　　计划审计工作能力评价表

序号	评分项目	学生自评				
1	审计人员的确定	□优秀	□良好	□中等	□合格	□不合格
2	审计目标的确定	□优秀	□良好	□中等	□合格	□不合格
3	重要性水平的确定	□优秀	□良好	□中等	□合格	□不合格
4	审计风险的评估	□优秀	□良好	□中等	□合格	□不合格
5	审计计划的制订	□优秀	□良好	□中等	□合格	□不合格
实训总结						
教师评价			教师签字：			
综合评价	□优秀　　□良好　　□中等　　□合格　　□不合格					

实训四 实施风险评估程序

【知识储备】

➤ 风险评估的基本程序；了解被审计单位及其环境的具体内容和方法

➤ 评估重大错报风险的基本方法及风险应对策略

➤ 用相关的专业知识对被审计单位实施风险评估程序，识别重大错报风险，确定进一步审计策略

【业务流程】

实施风险评估程序的业务流程具体如图4-1所示。

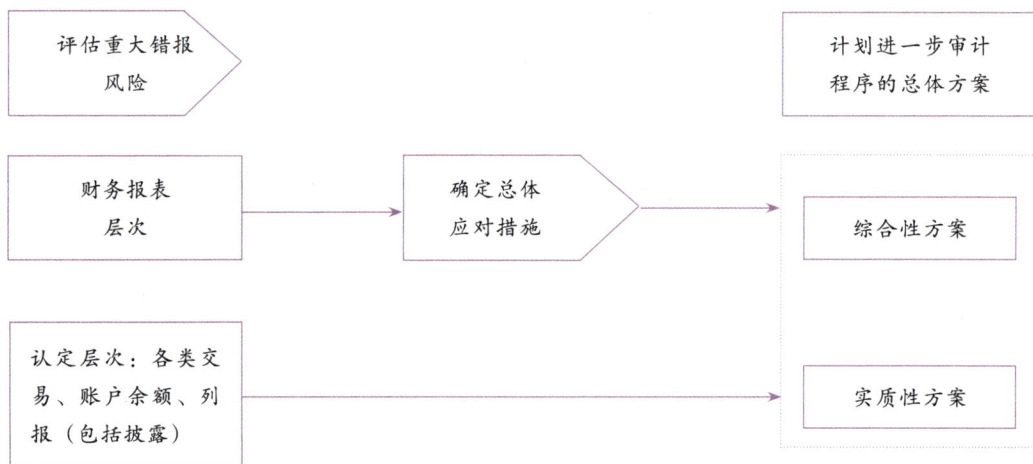

图4-1 实施风险评估程序的业务流程

【实训内容】

实施风险评估程序的实训项目具体如图4-2所示。

图4-2 实训项目结构树

项目1　被审计单位及其环境的了解

【实训目的】掌握了解被审计单位及其环境的基本方法。

【业务资料】注册会计师李琦在了解杭州华丰有限责任公司原材料收发业务的内部控制制

度时，发现如下情况：

1.储存材料仓库由专人负责，材料入库时，仓库保管人员和验收部门相关人员根据供货单位的发票验收材料，并由仓库填制"收料单"。"收料单"一式三联，其中：第一联由仓库留存登记材料卡片；第二联交采购部门登记材料明细账；第三联连同发票交财会部门付款登账。

2.领料时，由领料部门签发"领料单"，各领料部门均指定专人负责签发"领料单"。"领料单"一式三联，交仓库领料后，第一联由仓库留作登记材料卡片；第二联交采购部门登记材料明细账；第三联返还领料部门。

3.材料收发采用永续盘存记录，按计划成本计价，材料仓库每月编制"材料收发存月报"，连同"领料单"一并交予财会部门。财会部门根据材料仓库提供的"领料单"，于月末编制"材料发出汇总表"，并据以与材料仓库提供的"材料收发存月报"进行核对。月末，财会部门根据"材料发出汇总表"及其所附的"领料单"登记有关成本计算单，据以计算产品成本。

4.发出材料和库存材料的成本差异按月调整，一般直接冲减管理费用或增加管理费用，财会部门不设相关的材料明细账。

【实训要求】根据相关业务资料，请指出公司原材料收发业务的内部控制制度中存在的缺陷，并提出合理化建议。

【实训操作】

被审计单位及其环境的了解

项目 2　　被审计单位重大错报风险的评估

【实训目的】掌握被审计单位重大错报风险的评估方法。

【业务资料】大地会计师事务所对杭州华丰有限责任公司2022年度财务报表进行审计，注册会计师张莉记录的相关资料如下：

1.杭州华丰有限责任公司主要从事食品的生产和销售，无明显产销淡旺季。产品销售采用赊销方式，正常信用期为20天。

2.由于2020年销售业绩未达到董事会制定的目标，杭州华丰有限责任公司于2021年2月更换了公司负责销售的副总经理。

3.在巧克力产品生产成本中，原材料成本占较大比重。2022年度杭州华丰有限责任公司所处行业的统计资料显示，生产巧克力所需原材料主要依赖进口，汇率因素导致原材料采购成本大幅上涨；替代产品面市使巧克力的市场需求减少，市场竞争激烈，导致销售价格明显下跌。

4.杭州华丰有限责任公司2022年度未经审计财务报表及相关账户记录反映：

其一：2022年12月9日赊销产生的应收账款在2023年1月31日尚未收回；

其二：2021年度已审数中米饼的毛利率为16%，但是2022年度未审计数中米饼的毛利率为21%；

其三：2022年12月米饼的出库数明显高于本年度其他月份。

【实训要求】

1.根据相关业务资料，假定不考虑其他条件，运用分析程序识别杭州华丰有限责任公司2022年度财务报表是否存在重大错报风险，并列示分析过程和分析结果（具体见表4-1）。

2.假定杭州华丰有限责任公司存在财务报表层次重大错报风险，请代为注册会计师制定相关的总体应对策略（具体见表4-2）。

【实训操作】

表 4-1　　　　　　　　　　　重大错报风险一览表

序号	识别的重大错报风险	属于财务报表层次还是认定层次	是否属于仅通过实质性程序无法应对的重大错报风险	受影响的交易类别、账户余额和列报认定

表 4-2　　　　　　　　　　　　　总体应对策略一览表

序号	财务报表层次重大错报风险	总体审计策略

被审计单位重大错报风险的评估

【实训小结】

实施风险评估程序能力训练标准具体见表4-3。

表 4-3　　　　　　　　　实施风险评估程序能力训练标准

序号	实训内容	能力训练标准
1	被审计单位及其环境的了解	➤ 了解被审计单位的外部环境，形成相关的工作底稿 ➤ 了解被审计单位的内部环境，形成相关的工作底稿
2	被审计单位重大错报风险的评估	➤ 识别与评估重大错报风险 ➤ 制定重大错报风险应对策略

【实训评价】

实施风险评估程序能力评价具体见表4-4。

表 4-4　　　　　　　　　实施风险评估程序能力评价表

序号	评分项目	学生自评
1	被审计单位及其环境的了解	□优秀　□良好　□中等　□合格　□不合格
2	被审计单位重大错报风险的评估	□优秀　□良好　□中等　□合格　□不合格
实训总结		
教师评价		教师签字：
综合评价	□优秀　□良好　□中等　□合格　□不合格	

实训五 销售与收款循环审计测试

➤ 销售与收款循环涉及的主要会计凭证与业务活动
➤ 销售与收款循环控制测试各个模块的主要内容
➤ 营业收入的审计目标与审计程序；营业收入截止测试的审计方法
➤ 应收账款的审计目标与审计程序；应收账款函证的审计方法
➤ 销售费用的审计目标与审计程序；销售费用的基本审计方法

【业务流程】

销售与收款循环审计测试的业务流程如图5-1所示。

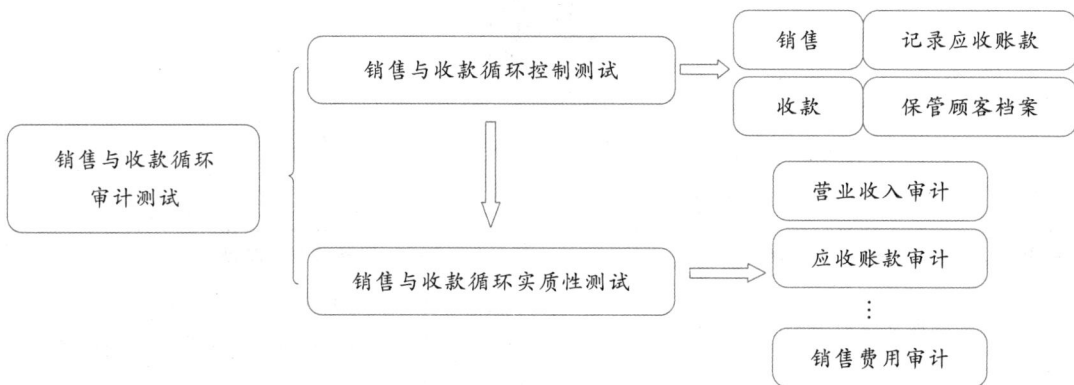

图5-1 销售与收款循环审计测试的业务流程

【实训内容】

销售与收款循环审计测试的实训项目具体如图5-2所示。

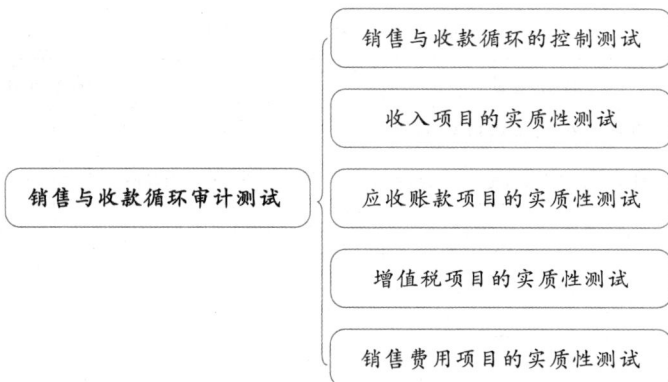

图5-2 实训项目结构树

项目 1　销售与收款循环的控制测试

【实训目的】掌握销售与收款循环的控制测试方法。

【业务资料】审计人员钱凯对杭州华丰有限责任公司销售与收款循环实施控制测试，根据审查结果，在审计工作底稿中记录了相关事项，具体内容如下：

杭州华丰有限责任公司为了扩大销售渠道，在上海地区设立了一家销售网点公司，委派当地人员赵涛担任该网点的公司经理，网点的会计则由公司本部直接委派的会计人员王军前往担任。为满足经营需要，在中国工商银行静安分行开设了基本存款账户，主要用于该销售网点公司日常业务结算。

根据公司规定，销售网点公司的支票由会计人员王军保管，财务章由赵涛保管。使用支票支付费用须由赵涛和王军共同签发，并指定王军持签发的支票到银行办理支取手续。作为会计人员，王军除登记银行存款日记账外，每月还必须按时从银行取得对账单进行核对。支票存根、作废支票、银行对账单等均由王军保管。王军每月必须编制"库存现金支出报告"送交公司总部。

【实训要求】根据相关业务资料，指出销售与收款循环内部控制中存在的问题。

【实训操作】

销售与收款循环的控制测试

项目 2　收入项目的实质性测试

【实训目的】掌握收入项目的实质性测试方法。

【业务资料】审计人员张莉对杭州华丰有限责任公司营业收入项目实施审计，通过对2022年各月主营业务收入进行趋势分析，发现该公司12月份发生额异常。通过重点抽查相关会计资料，发现主要存在下列问题（售价均不含增值税，增值税税率为13%，增值税的纳税义务均已经发生）：

1. 12月21日，杭州华丰有限责任公司发出饼干5 000箱给本地一家代销单位，合同约定销售价格由代销单位自定，期末未销售的产品退还给杭州华丰有限责任公司，并结算相关款项，杭州华丰有限责任公司于当日确认上述代销商品的收入并结转销售成本。

2.12月25日，客户购买饼干500箱、巧克力2 000箱，款项已付。提货单和发票均已开具并提交给客户，但客户尚未提货。杭州华丰有限责任公司已经确认收入，但未结转销售成本。

3.12月26日，杭州华丰有限责任公司发货给外地一家公司，其中，饼干1 000箱，巧克力2 000箱，年末尚未办妥货款结算手续。杭州华丰有限责任公司已经确认收入并结转销售成本。

4.12月27日，杭州华丰有限责任公司销售原材料收款（含税）113 000元，记入"其他应付款"账户；该批材料成本7 500元已结转，记入"营业外支出"账户。

5.12月28日，杭州华丰有限责任公司将预收饼干1 000箱商品款确认收入，但未结转销售成本。

杭州华丰有限责任公司"主营业务收入"期末未审数为397 032 600元，其中，饼干期末未审数为7 032 600元，巧克力期末未审数为8 120 000元；"其他业务收入"期末未审数为2 000 000元。其中，饼干售价100元/箱，成本50元/箱；巧克力售价80元/箱，成本40元/箱。

【实训要求】根据相关业务资料，完成"营业收入审定表"工作底稿（具体见工作底稿5-1）。
【实训操作】

工作底稿5-1 **营业收入审定表**

被审计单位名称：_____ 索引号：_____ 页次：_____

执行人：_____ 日期：_____

会 计 期 间：_____ 复核人：_____ 日期：_____

项目名称	期末未审数	账项调整		重分类调整		期末审定数	索引号
		借方	贷方	借方	贷方		
主营业务收入							
其中：饼干							
巧克力							
其他项目	（略）						
其他业务收入							
合计							

审计调整：

续表

审计结论：

收入项目的实质性测试

项目3　　　　　　　　应收账款项目的实质性测试

【实训目的】掌握应收账款项目的实质性测试方法。

【业务资料】审计人员赵雯对杭州华丰有限责任公司2022年度财务报表的应收账款、其他应收款进行了实质性测试。通过核对应收账款、其他应收款总账与明细账，获取了应收账款、其他应收款余额明细表，该公司除应收账款外，其他应收款未发生减值迹象。其中，"应收账款"总账余额12 527 900元，"坏账准备"总账余额1 776 580元，"其他应收款"总账余额8 060 000元。经审查，账账、账表均核对一致，该公司的应收账款、其他应收款账龄及余额构成具体见表5-1和表5-2。

表5-1　　　　　　　　应收账款账龄及余额构成分析表

应收账款账龄	户数（户）	金额（元）
未到期	80	6 200 000
过期3个月（含）	20	3 000 000
过期3~6个月（含）	8	1 000 000
过期6个月~1年（含）	1	127 900
过期1~2年（含）	2	1 000 000
过期2~3年（含）	2	1 200 000
合计	113	12 527 900

表 5-2　　　　　　　　　其他应收款账龄及余额构成分析表

应收账款账龄	户数（户）	金额（元）
未到期	16	5 000 000
过期 3 个月（含）	8	3 000 000
过期 3～6 个月（含）	1	60 000
过期 6 个月～1 年（含）	—	—
过期 1～2 年（含）	—	—
过期 2～3 年（含）	—	—
合计	25	8 060 000

2023 年 1 月 28 日，审计人员赵雯根据相关的业务信息，选取了部分债务公司进行函证，具体见表 5-3、表 5-4。

表 5-3　　　　　　　　　债务公司联系方式

客户名称	地址	邮编	联系人
广东富豪公司采购部	广东省肇庆市高新技术开发区 312 号	526040	张丽红
上海光大公司采购处	上海市浦东新区福山路 346 号	200122	叶强
浙江耀华公司采购部	浙江省温州市经济开发区 18 号	325060	韩东达
江苏和润公司采购部	江苏省徐州市彭城路 232 号	221009	陈发源
河北兴鑫公司采购科	河北省唐山市路南区 233 号	063000	刘新语
辽宁宏远公司采购科	辽宁省鞍山市铁西六道街 33 号	114011	赵爱花
四川晶锐公司采购部	四川省达州市罗江镇 105 号	635025	李欢瑞
山西旺达公司采购部	山西省大同市迎宾西路 170 号	037008	王军青

应收账款函证的回函地址：杭州庆春东路 118 号（邮编：310020）；电话：0571-87629011；传真：0571-87629011。

表 5-4　　　　　　　　　函证应收账款明细账资料

客户名称	年初余额（万元）	年末余额（万元）	账龄	本年度交易额（万元）
广东富豪公司	100	150	2 个月	350
上海光大公司	20	40	3 个月	100
浙江耀华公司	8	8	27 个月	0
江苏和润公司	0	30	3 个月	80
河北兴鑫公司	100	100	40 个月	200
辽宁宏远公司	0	100	15 天	100
四川晶锐公司	50	60	2 个月	130
山西旺达公司	300	0	—	600

截至 2023 年 2 月 15 日，函证回函存在差异的情况具体如下：

1. 江苏和润公司：函件所述金额中有 30 万元，已于 2022 年 9 月 20 日汇往贵公司账户。

2. 辽宁宏远公司：查无此单位，无法投递。

3. 山西旺达公司：函证两次均未收到回函。

4. 浙江耀华公司：所欠款项是因为有未解决的质量纠纷，其中 6.8 万元产品存在质量问题。

审计人员赵雯通过对该公司以往的应收账款、其他应收款的逾期情况与可收回程度进行了了解，运用注册会计师的职业判断，确定该公司采用账龄分析法计提坏账准备的方法与比率合理。估计坏账损失率见表 5-5。

表 5-5　　　　　　　　　　　　　　坏账损失率明细表

账龄	计提比率	账龄	计提比率
未到期	5‰	过期 6 个月~1 年（含）	20%
过期 3 个月（含）	1%	过期 1~2 年（含）	50%
过期 3~6 个月（含）	5%	过期 2~3 年（含）	95%

同时，审计发现未到期应收账款黄河有限责任公司明细账存在贷方余额 1 650 000 元，经查明，系黄河有限责任公司的预付款项，尚未进行重分类调整，并已按 5‰ 计提坏账准备。

【实训要求】

1. 根据相关业务资料，确定合适的应收账款函证方式（具体见表 5-6）。

2. 根据相关业务资料，请代为注册会计师向客户发放询证函（具体见工作底稿 5-2 至工作底稿 5-9，表 5-7 至表 5-14）。

3. 根据相关业务资料，完成"应收账款函证结果汇总表"工作底稿（具体见工作底稿 5-10）。

4. 根据相关业务资料，完成"应收账款审定表"工作底稿（具体见工作底稿 5-11）。

【实训操作】

表 5-6　　　　　　　　　　　　　　应收账款函证方式明细表

客户名称	年初余额（万元）	年末余额（万元）	账龄	本年度交易额（万元）	函证方式
广东富豪公司	100	150	2 个月	350	
上海光大公司	20	40	3 个月	100	
浙江耀华公司	8	8	27 个月	0	
江苏和润公司	0	30	3 个月	80	
河北兴鑫公司	100	100	40 个月	200	
辽宁宏远公司	0	100	15 天	100	
四川晶锐公司	50	60	2 个月	130	
山西旺达公司	300	0	—	600	

工作底稿5-2 　　　　　　**询证函-1**

_____公司：

　　本公司聘请的_____正在对本公司_____年度财务报表进行审计，按照中国注册会计师审计准则的要求，应当询证本公司与贵公司的往来账项等事项。请列示截至_____年____月____日贵公司与本公司往来款项余额。_____

　　回函地址：_____　邮编：_____

　　电话：_____　传真：_____　联系人：_____

本函仅为复核账目之用，并非催款结算。若款项在上述日期之后已经付清，仍请及时函复为盼。

（被审计单位盖章）

年　　月　　日

1.贵公司与本公司的往来账项列示如下：

单位：元

截止日期	贵公司欠	欠贵公司	备　注

2.其他事项。

（公司盖章）

年　　月　　日

经办人：

工作底稿5-3　　　　　　　　**询证函-2**

编号：126

＿＿＿＿＿＿＿＿＿＿＿公司：

　　本公司聘请的＿＿＿＿＿＿＿＿＿＿＿正在对本公司＿＿＿＿＿＿年度财务报表进行审计，按照中国注册会计师审计准则的要求，应当询证本公司与贵公司的往来账项等事项。请列示截至＿＿＿＿＿年＿＿＿月＿＿＿日贵公司与本公司往来款项余额。＿＿＿＿＿＿＿＿＿＿＿＿＿＿＿＿＿＿＿＿＿＿＿＿＿＿＿＿

　　回函地址：＿＿＿＿＿＿＿＿＿＿＿＿＿＿＿＿＿＿＿＿＿＿　邮编：＿＿＿＿＿＿＿＿＿＿＿

　　电话：＿＿＿＿＿＿＿＿＿＿＿　传真：＿＿＿＿＿＿＿＿＿＿＿　联系人：＿＿＿＿＿＿＿＿＿

本函仅为复核账目之用，并非催款结算。若款项在上述日期之后已经付清，仍请及时函复为盼。

（被审计单位盖章）

年　月　日

1.贵公司与本公司的往来账项列示如下：

单位：元

截止日期	贵公司欠	欠贵公司	备注

2.其他事项。

（公司盖章）

年　月　日

经办人：

工作底稿5-4   **询证函-3**

编号：127

_____公司：

    本公司聘请的_____正在对本公司_____年度财务报表进行审计，按照中国注册会计师审计准则的要求，应当询证本公司与贵公司的往来账项等事项。下列信息出自本公司账簿记录，如与贵公司记录相符，请在本函下端"信息证明无误"处签章证明；如有不符，请在"信息不符"处列明不符项目。如存在与本公司有关的未列入本函的其他项目，也请在"信息不符"处出这些项目的金额及详细资料。回函请直接寄至_____。

回函地址：_____   邮编：_____

电话：_____   传真：_____   联系人：_____

1.本公司与贵公司的往来账项列示如下：

单位：元

截止日期	贵公司欠	欠贵公司	备 注

2.其他事项。

本函仅为复核账目之用，并非催款结算。若款项在上述日期之后已经付清，仍请及时函复为盼。

（被审计单位盖章）
年 月 日

结论：

1.信息证明无误。	2.信息不符，请列明不符项目及具体内容。
<div align="right">（公司盖章） 年 月 日 经办人：</div>	<div align="right">（公司盖章） 年 月 日 经办人：</div>

工作底稿5-5　　　　　　　**询证函-4**

_____公司：

　　本公司聘请的_____正在对本公司_____年度财务报表进行审计，按照中国注册会计师审计准则的要求，应当询证本公司与贵公司的往来账项等事项。下列信息出自本公司账簿记录，如与贵公司记录相符，请在本函下端"信息证明无误"处签章证明；如有不符，请在"信息不符"处列明不符项目。如存在与本公司有关的未列入本函的其他项目，也请在"信息不符"处列出这些项目的金额及详细资料。回函请直接寄至_____。

回函地址：_____　　　　邮编：_____

电话：_____　　　传真：_____　　　联系人：_____

1.本公司与贵公司的往来账项列示如下：

单位：元

截止日期	贵公司欠	欠贵公司	备　注

2.其他事项。

本函仅为复核账目之用，并非催款结算。若款项在上述日期之后已经付清，仍请及时函复为盼。

（被审计单位盖章）

年　　月　　日

结论：

1.信息证明无误。	2.信息不符，请列明不符项目及具体内容。
（公司盖章） 年　　月　　日 经办人：	（公司盖章） 年　　月　　日 经办人：

工作底稿5-6 　　　　　　　　　　**询证函-5**

编号：129

_____公司：

　　本公司聘请的_____正在对本公司_____年度财务报表进行审计，按照中国注册会计师审计准则的要求，应当询证本公司与贵公司的往来账项等事项。下列信息出自本公司账簿记录，如与贵公司记录相符，请在本函下端"信息证明无误"处签章证明；如有不符，请在"信息不符"处列明不符项目。如存在与本公司有关的未列入本函的其他项目，也请在"信息不符"处列出这些项目的金额及详细资料。回函请直接寄至_____。

回函地址：_____　　邮编：_____

电话：_____　　传真：_____　　联系人：_____

1.本公司与贵公司的往来账项列示如下：

单位：元

截止日期	贵公司欠	欠贵公司	备　注

2.其他事项。

本函仅为复核账目之用，并非催款结算。若款项在上述日期之后已经付清，仍请及时函复为盼。

（被审计单位盖章）

年　月　日

结论：

1.信息证明无误。	2.信息不符，请列明不符项目及具体内容。
（公司盖章） 年　月　日 经办人：	（公司盖章） 年　月　日 经办人：

工作底稿5-7　　　　　　　　**询证函-6**

编号：130

_____公司：

　　本公司聘请的_____正在对本公司_____年度财务报表进行审计，按照中国注册会计师审计准则的要求，应当询证本公司与贵公司的往来账项等事项。下列信息出自本公司账簿记录，_____，则无需回复；如有不符，请直接回函寄至_____，_____。

回函地址：_____　邮编：_____

电话：_____　传真：_____　联系人：_____

1.本公司与贵公司的往来账项列示如下：

单位：元

截止日期	贵公司欠	欠贵公司	备　注

2.其他事项。

本函仅为复核账目之用，并非催款结算。若款项在上述日期之后已经付清，仍请及时函复为盼。

（被审计单位盖章）

年　月　日

- -

_____会计师事务所：

　　上面的信息不正确，差异如下：

（公司盖章）

年　月　日

经办人：

工作底稿5-8 **询证函-7**

_____公司：

　　本公司聘请的_____正在对本公司_____年度财务报表进行审计，按照中国注册会计师审计准则的要求，应当询证本公司与贵公司的往来账项等事项。下列信息出自本公司账簿记录，_____，则无需回复；如有不符，请直接回函寄至_____，_____。

回函地址：_____　　邮编：_____

电话：_____　　传真：_____　　联系人：_____

1.本公司与贵公司的往来账项列示如下：

单位：元

截止日期	贵公司欠	欠贵公司	备 注

2.其他事项。

本函仅为复核账目之用，并非催款结算。若款项在上述日期之后已经付清，仍请及时函复为盼。

（被审计单位盖章）

年　月　日

_____会计师事务所：

　　上面的信息不正确，差异如下：

（公司盖章）

年　月　日

经办人：

工作底稿5-9　　　　　　　　　　**询证函-8**

编号：132

_____公司：

　　本公司聘请的_____正在对本公司_____年度财务报表进行审计，按照中国注册会计师审计准则的要求，应当询证本公司与贵公司的往来账项等事项。下列信息出自本公司账簿记录，_____，则无需回复；如有不符，请直接回函寄至_____，_____。

回函地址：_____　　　　邮编：_____

电话：_____　　传真：_____　　联系人：_____

1.本公司与贵公司的往来账项列示如下：

单位：元

截止日期	贵公司欠	欠贵公司	备　注

2.其他事项。

本函仅为复核账目之用，并非催款结算。若款项在上述日期之后已经付清，仍请及时函复为盼。

（被审计单位盖章）
年　月　日

_____会计师事务所：

　　上面的信息不正确，差异如下：

（公司盖章）
年　月　日
经办人：

表 5-7 信 封

表 5-8 信 封

表 5-9　　　　　　　　　　　　　　**信　封**

表 5-10　　　　　　　　　　　　　　**信　封**

表 5-11 信　封

| | | | | | | | 邮票
粘贴处 |

| | | | | | | |

表 5-12 信　封

| | | | | | | | 邮票
粘贴处 |

| | | | | | | |

表 5-13　　　　　　　　　　信　封

表 5-14　　　　　　　　　　信　封

工作底稿5-10　　　　　**应收账款函证结果汇总表**

被审计单位名称：_____　　索引号：_____　页次：_____

　　　　　　　　　　　　　　　　　　　　　　执行人：_____　日期：_____

会 计 期 间：_____　　复核人：_____　日期：_____

一、应收账款函证情况列表

单位名称	询证函编号	函证方式	函证日期		回函日期	账面金额	回函金额	经调节后是否存在差异	回函内容
			第一次	第二次					

二、对误差的分析

项目	金额
1.已识别的误差	
2.推断出的总体误差（扣除已识别的误差）	（略）

审计说明：

工作底稿5-11　　　　　　　**应收账款审定表**

被审计单位名称：＿＿＿＿＿＿＿＿＿＿＿＿＿＿＿　　索引号：＿＿＿＿＿　页次：＿＿＿＿＿＿

执行人：＿＿＿＿＿　日期：＿＿＿＿＿

会 计 期 间：＿＿＿＿＿＿＿＿＿＿＿＿＿＿＿　　复核人：＿＿＿＿＿　日期：＿＿＿＿＿

项目名称	期末未审数	账项调整		重分类调整		期末审定数	索引号
		借方	贷方	借方	贷方		
一、账面余额合计							
其中：未到期							
过期3个月（含）							
过期3~6个月（含）							
过期6个月~1年（含）							
过期1~2年（含）							
过期2~3年（含）							
二、坏账准备合计							
其中：未到期							
过期3个月（含）							
过期3~6个月（含）							
过期6个月~1年（含）							
过期1~2年（含）							
过期2~3年（含）							
三、账面价值合计							
其中：未到期							
过期3个月（含）							
过期3~6个月（含）							
过期6个月~1年（含）							
过期1~2年（含）							
过期2~3年（含）							

审计调整和审计结论：

应收账款项目的实质性测试

项目4　　增值税项目的实质性测试

【实训目的】掌握增值税项目的实质性测试方法。

【业务资料】审计人员钱凯根据审计工作的进度安排，对杭州华丰有限责任公司的增值税项目实施实质性测试。公司向审计人员提交了2022年度的应交增值税明细表（具体见表5-15）。

表5-15　　　　　　　　　　　　　应交增值税明细表

编制单位：杭州华丰有限责任公司　　　　　　　2022年度　　　　　　　　　单位：元

项目	行次	本年数	上年数
一、应交增值税	1		
1.年初未抵扣数（以"-"号填列）	2		
2.销项税额	3	69 219 520	
出口退税	4	19 279	
进项税额转出	5	190 150	
转出多交增值税	6		
	7		
	8		
3.进项税额	9	24 707 200	
已交税金	10		
减免税款	11		
出口抵减内销产品应纳税额	12	19 279	
转出未交增值税	13	44 702 470	
	14		
4.期末未抵扣数（以"-"号填列）	15		
二、未交增值税	16		
1.年初未交数（多交数以"-"号填列）	17	121 900	
2.本期转入数（多交数以"-"号填列）	18	44 702 470	
3.本期已交数	19	42 947 470	
期末未交数（多交数以"-"号填列）	20	1 876 900	

审计人员钱凯在实施审计时发现存在以下问题：

情况一：审计人员钱凯在审计该公司职工薪酬项目时，发现本年度该公司在中秋节以其生产的4 000箱啤酒（每箱24瓶，每瓶620毫升），通过福利的形式发放给职工。该公司以每箱成本价18元列支职工福利费用，但相关的税金未计缴。经审计人员核查，该啤酒的市场价格为每箱40元（含税），该啤酒适用的消费税税率为220元/吨（1吨=998升），增值税税率为13%。

　　情况二：审计人员钱凯在对该公司的"营业外收入"项目进行审计时，发现该公司本年销售麦芽150 000元（含税）给其他啤酒公司，成本120 000元在"营业外支出"中反映，公司未计提相关税金。

　　【实训要求】根据相关业务资料，完成"应交增值税审定表"工作底稿（具体见工作底稿5-12）。

　　【实训操作】

工作底稿5-12　　　　　**应交增值税审定表**

被审计单位名称：_____　　　索引号：_____　页次：_____

执行人：_____　日期：_____

会　计　期　间：_____　　　复核人：_____　日期：_____

项目	未审数	调整数	审定数	备注
一、未交增值税				
1.年初未抵扣数（以"-"号填列）				
2.销项税额				
出口退税				
进项税额转出				
转出多交增值税				
3.进项税额				
已交税金				
减免税额				
出口抵减内销产品应纳税额				
转出未交增值税				
4.期末未抵扣数（以"-"号填列）				
二、未交增值税				
1.年初未交数（多交数以"-"号填列）				
2.本期转入数（多交数以"-"号填列）				
3.本期已交数				
期末未交数（多交数以"-"号填列）				

审计说明及调整分录：

续表

审计结论：

增值税项目的实质性测试

项目5   **销售费用项目的实质性测试**

【实训目的】掌握销售费用项目的实质性测试方法。

【业务资料】审计人员张莉在审查杭州华丰有限责任公司2022年度销售费用明细账时，发现下列记录：

1. 支付财务部专用司机的违章罚款500元（已作企业所得税纳税调整）；

2. 在建工程人员工资薪酬3 600元；

3. 支付临时性借款利息8 000元。

【实训要求】根据相关业务资料，完成"销售费用审定表"工作底稿（具体见工作底稿5-13）。

【实训操作】

工作底稿5-13

销售费用审定表

被审计单位名称：＿＿＿＿＿＿＿＿＿＿＿＿＿　　索引号：＿＿＿＿＿　页次：＿＿＿＿＿

执行人：＿＿＿＿＿　日期：＿＿＿＿＿

会　计　期　间：＿＿＿＿＿＿＿＿＿＿＿＿＿　　复核人：＿＿＿＿＿　日期：＿＿＿＿＿

项目名称	本期未审数	账项调整		本期审定数	索引号
		借方	贷方		
专设销售机构职工薪酬	1 362 600				
业务费	696 000				
折旧费	32 980				
保险费	22 400				
包装费	75 600				
展览费	38 780				
广告费	822 600				
商品维修费	188 900				
预计产品质量保证损失	67 900				
运输费	45 690				
装卸费	23 170				
其他	31 078 780				
合计	34 455 400				

审计调整及审计结论：

销售费用项目的实质性测试

【实训小结】

销售与收款循环审计测试能力训练标准具体见表5-16。

表 5-16　　　　　　　　　销售与收款循环审计测试能力训练标准

序号	实训内容	能力训练标准
1	销售与收款循环的控制测试	➢ 实施销售环节的控制测试 ➢ 实施记录应收账款环节的控制测试 ➢ 实施收款环节的控制测试 ➢ 实施保管顾客档案的控制测试
2	收入项目的实质性测试	➢ 实施收入项目的检查程序 ➢ 实施收入项目的实质性分析程序 ➢ 实施销售的截止测试程序 ➢ 针对特殊销售业务实施审计程序 ➢ 编制审计调整分录，形成相关的审计工作底稿
3	应收账款项目的实质性测试	➢ 实施应收账款项目的检查程序 ➢ 实施应收账款项目的函证程序 ➢ 实施坏账准备项目的审计程序 ➢ 编制审计调整分录，形成相关的审计工作底稿
4	增值税项目的实质性测试	➢ 实施增值税项目的检查程序 ➢ 实施增值税项目的实质性分析程序 ➢ 针对异常变动的增值税项目实施审计程序 ➢ 编制审计调整分录，形成相关的审计工作底稿
5	销售费用项目的实质性测试	➢ 实施销售费用项目的检查程序 ➢ 实施销售费用项目的实质性分析程序 ➢ 针对重要或异常的销售费用项目实施审计程序 ➢ 编制审计调整分录，形成相关的审计工作底稿

【实训评价】

销售与收款循环审计测试能力评价具体见表5-17。

表 5-17　　　　　　　　　销售与收款循环审计测试能力评价表

序号	评分项目	学生自评				
1	销售与收款循环的控制测试	□优秀	□良好	□中等	□合格	□不合格
2	收入项目的实质性测试	□优秀	□良好	□中等	□合格	□不合格
3	应收账款项目的实质性测试	□优秀	□良好	□中等	□合格	□不合格
4	增值税项目的实质性测试	□优秀	□良好	□中等	□合格	□不合格
5	销售费用项目的实质性测试	□优秀	□良好	□中等	□合格	□不合格
实训总结						
教师评价					教师签字：	
综合评价		□优秀　□良好　□中等　□合格　□不合格				

实训六 采购与付款循环审计测试

【知识储备】

➢ 采购与付款循环涉及的主要会计凭证与业务活动

➢ 采购与付款循环控制测试各个模块的主要内容

➢ 应付账款的审计目标与审计程序；应付账款重分类的调整方法

➢ 固定资产的审计目标与审计程序；固定资产的基本审计方法

➢ 管理费用的审计目标与审计程序；管理费用的基本审计方法

【业务流程】

采购与付款循环审计测试的业务流程具体如图6-1所示。

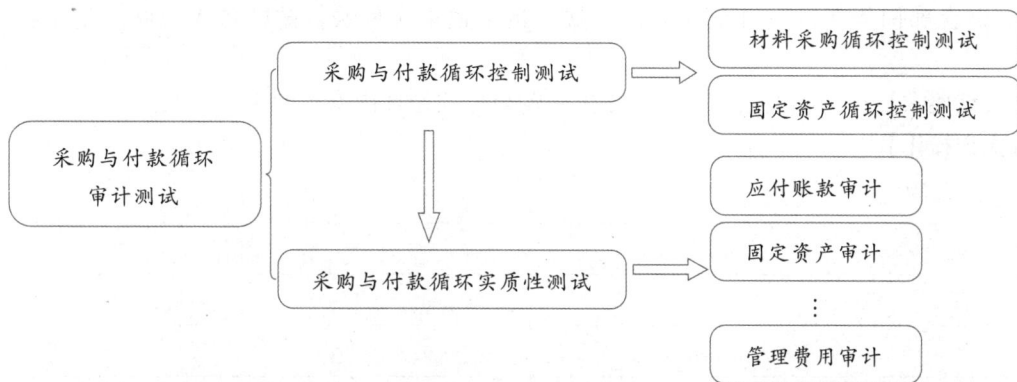

图6-1 采购与付款循环审计测试业务流程

【实训项目】

采购与付款循环审计测试的实训项目具体如图6-2所示。

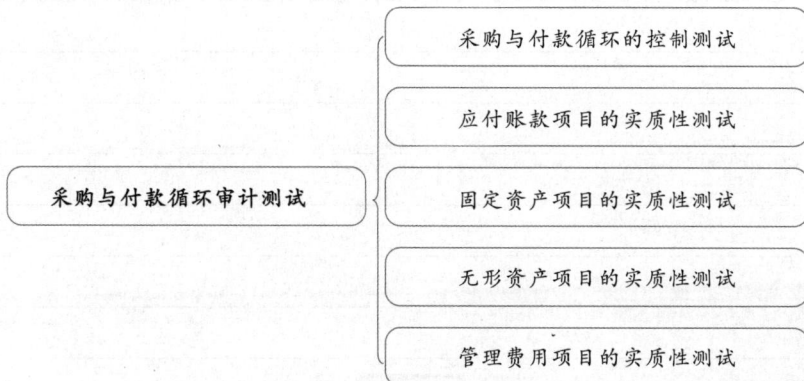

图6-2 实训项目结构树

项目 1　　　　　采购与付款循环的控制测试

【实训目的】掌握采购与付款循环的控制测试方法。

【业务资料】审计人员钱凯对杭州华丰有限责任公司实施采购与付款循环的控制测试，根据审查结果，在工作底稿中记录相关事项如下：

1. 杭州华丰有限责任公司由各个部门根据实际需要，分别填制请购单；采购部门收到经过审批的请购单后，发出订购单并委派相关人员询价。

2. 采购部门编制订购单，分别送交供应商、负责验收部门、提交请购单部门和负责采购业务结算的财会部门。

3. 收到货物后，验收部门首先比较所收到的商品与请购单上的要求是否相符，如商品的品名、型号、数量、到货时间等，然后盘点商品并检查商品有无损坏。

4. 在编制付款凭单时，财会部门首先确定供应商发票的内容与相关的验收单、订购单是否一致。

5. 财会部门为保证及时记录应付账款，指定记录应付账款的财务人员同时记录存货明细账。

【实训要求】根据相关业务资料，指出采购与付款循环内部控制中存在的问题。

【实训操作】

项目2　　　　　　　　应付账款项目的实质性测试

【实训目的】掌握应付账款项目的实质性测试方法。

【业务资料】审计人员张莉在对杭州华丰有限责任公司2022年度财务报表进行审计时，获取了该公司应付账款明细账，考虑到公司部分应付账款存在明细账户余额较大、金额变动异常等情况，审计人员张莉决定于2023年2月17日对该公司的应付账款进行函证。具体资料见表6-1。

表6-1　　　　　　　　应付账款明细资料一览表（部分）

债权人	应付账款年末余额（万元）	本年度进货总额（万元）
宁波华伦有限责任公司	60	110
台州月华电子商务公司	180	560
杭州景新有限责任公司	10	60
温州启路有限责任公司	0	480

回函地址：杭州庆春东路118号（邮编：310020）；电话：0571-87629011；传真：0571-87629011。

【实训要求】

1. 针对上述债权人，审计人员应选择哪种函证方式？（填写表6-2）

2. 请选择其中一家客户寄发积极式的企业询证函（具体见工作底稿6-1）。

3. 如果公司未回函，审计人员应如何实施下一阶段审计程序？

【实训操作】

表6-2　　　　　　　　应付账款函证方式明细表

债权人	应付账款年末余额（万元）	本年度进货总额（万元）	函证方式
宁波华伦有限责任公司	60	110	
台州月华电子商务公司	180	560	
杭州景新有限责任公司	10	60	
温州启路有限责任公司	0	480	

工作底稿6-1   **企业询证函-1**

_____公司：

    本公司聘请的_____正在对本公司_____年度财务报表进行审计，按照中国注册会计师审计准则的要求，应当询证本公司与贵公司的往来款项等事项。下列数据出自本公司账簿记录，如与贵公司记录相符，请在本函下端"信息证明无误"处签章证明；如有不符，请在"信息不符"处列明不符项目。回函请直接寄至_____。

回函地址：_____   邮编：_____

电话：_____   传真：_____   联系人：_____

1.本公司与贵公司的往来账项

截止日期	贵公司欠	欠贵公司	备注

2.其他事项

    本函仅为复核账目之用，并非催款结算。若款项在上述日期之后已经付清，仍请及时函复为盼。

（公司盖章）

经办人：

年   月   日

结论：1.信息证明无误

（公司盖章）

经办人：

年   月   日

    2.信息不符，请列明不符项目及具体内容

（公司盖章）

经办人：

年   月   日

未回函企业实施审计程序：

_____

_____

_____

应付账款项目的实质性测试

项目3　　　　　固定资产项目的实质性测试

【实训目的】掌握固定资产项目的实质性测试方法。

【业务资料】大地会计师事务所审计人员赵雯对杭州华丰有限责任公司固定资产项目实施实质性测试，获取了公司2022年12月31日固定资产原值及累计折旧汇总表（具体见表6-3、表6-4）。该公司以前年度未计提相关固定资产减值准备。

表6-3　　　　　　　　　　　　　**固定资产原值汇总表**　　　　　　　　　　单位：元

类别	期初余额	本年增加	本年减少	期末余额
生产用房屋	45 082 800	395 600		45 478 400
生产用机器设备	269 709 000	11 236 500	12 153 900	268 791 600
生产构筑物	26 285 700	1 042 900		27 328 600
生产用电子设备	1 277 900	442 000		1 719 900
非生产用房屋	14 428 700			14 428 700
非生产用构筑物	10 164 400	319 200		10 483 600
非生产用机器设备	9 838 800		187 000	9 651 800
非生产用电子设备	5 814 800	1 965 000	49 200	7 730 600
车辆	11 779 000	1 471 500		13 250 500
合计	394 381 100	16 872 700	12 390 100	398 863 700

表6-4　　　　　　　　　　　　　　**累计折旧汇总表**　　　　　　　　　　单位：元

类别	期初余额	本年增加	本年减少	期末余额
生产用房屋	10 444 200	2 051 700		12 495 900
生产用机器设备	96 577 500	24 212 100	7 717 100	113 072 500
生产构筑物	6 482 300	1 182 800		7 665 100
生产用电子设备	369 700	271 200		640 900
非生产用房屋	2 467 400	656 900		3 124 300
非生产用构筑物	2 449 400	465 000		2 914 400
非生产用机器设备	4 301 200	817 800	82 100	5 036 900
非生产用电子设备	2 012 700	1 185 000	22 000	3 175 800
车辆	6 952 300	1 677 700		8 630 000
合计	132 056 700	32 520 300	7 821 200	156 755 800

该公司固定资产折旧采用平均年限法。固定资产的残值率为10%（税务部门已同意该计提比例）。房屋建筑物的使用年限为20年；机器设备的使用年限为10年；运输工具及电子设备的使用年限为5年。

1.审计人员张莉在审查该公司"固定资产"项目时发现,该公司2022年6月从上海购进行政管理用机器设备一套,买价400 000元,共计发生运杂费5 000元(增值税已扣除)和设备安装费10 000元(增值税已扣除),后两笔费用都计入了管理费用。购入的固定资产于当月投入生产。

2.期末审计人员赵雯在对该公司的固定资产进行盘点时,发现盘亏管理用机器设备一台,同类设备的市场价格为85 000元,预计使用年限为10年,已使用3年,相关增值税已扣除。

3.该公司本年自行建造办公附属楼一座,实际发生建造成本2 000 000元。该楼于2022年6月竣工并投入使用。但因尚未与施工单位办理竣工决算,2022年12月31日仍挂账"在建工程"科目,相关增值税已扣除。

4.2020年12月25日,该公司购入生产设备一台,确定的原值为1 000 000元。审计人员钱凯在审计时发现,2022年年末该设备市价大幅度下跌,并预计近期内不可能恢复,经计算,可收回金额为485 000元,该公司本年未对该项固定资产计提固定资产减值准备。

【实训要求】根据相关业务资料,完成"固定资产审定表"工作底稿(具体见工作底稿6-2)。

【实训操作】

工作底稿6-2　　　　　　　　　固定资产审定表

被审计单位名称:＿＿＿＿＿＿＿＿＿＿＿　　索引号:＿＿＿＿＿　　页次:＿＿＿＿＿

　　　　　　　　　　　　　　　　　　　　执行人:＿＿＿＿＿　　日期:＿＿＿＿＿

会 计 期 间:＿＿＿＿＿＿＿＿＿＿＿　　复核人:＿＿＿＿＿　　日期:＿＿＿＿＿

资产类别	原值						备注
	年初余额	本年增加	本年减少	年末余额	调整数	审定数	
生产用房屋							
生产用机器设备							
生产用构筑物							
生产用电子设备							
非生产用房屋							
非生产用构筑物							
非生产用机器设备							
非生产用电子设备							
车辆							
合计							

续表

资产类别	累计折旧						备注
	年初余额	本年增加	本年减少	年末余额	调整数	审定数	
生产用房屋							
生产用机器设备							
生产用构筑物							
生产用电子设备							
非生产用房屋							
非生产用构筑物							
非生产用机器设备							
非生产用电子设备							
车辆							
合计							

资产类别	固定资产减值						备注
	年初余额	本年增加	本年减少	年末余额	调整数	审定数	
生产用房屋							
生产用机器设备							
生产用构筑物							
生产用电子设备							
非生产用房屋							
非生产用构筑物							
非生产用机器设备							
非生产用电子设备							
车辆							
合计							

续表

资产类别	固定资产价值						备注
	年初余额	本年增加	本年减少	年末余额	调整数	审定数	
生产用房屋							
生产用机器设备							
生产用构筑物							
生产用电子设备							
非生产用房屋							
非生产用构筑物							
非生产用机器设备							
非生产用电子设备							
车辆							
合计							

审计说明及调整分录：

续表

审计结论：

固定资产项目的实质性测试

项目 4　　　　无形资产项目的实质性测试

【实训目的】掌握无形资产项目的实质性测试方法。

【业务资料】审计人员赵雯审计杭州华丰有限责任公司2022年度财务报表的"无形资产"项目时，发现该公司2022年1月份自行研发一项专有技术，增加无形资产410 000元，其中，费用化研发支出100 000元，资本化研发支出300 000元，注册无形资产登记费10 000元。预计该项专有技术使用年限为10年，预计净残值为0。2022年年末该项专有技术计提的累计摊销为41 000元。

杭州华丰有限责任公司期初"无形资产"账面价值32 124 000元（账面原值37 761 000元，累计摊销5 637 000元，未发生无形资产减值），其中"专有技术"的期初账面价值为0。期末"无形资产"账面价值32 493 000元（账面原值38 171 000元，累计摊销5 678 000元，未发生无形资产减值）。

【实训要求】根据相关业务资料，完成"无形资产审定表"工作底稿（具体见工作底稿6-3）。

【实训操作】

工作底稿6-3 　　　　　　　　**无形资产审定表**

被审计单位名称：＿＿＿＿＿＿＿＿＿＿＿＿＿＿＿　索引号：＿＿＿＿＿　页次：＿＿＿＿＿

执行人：＿＿＿＿＿　日期：＿＿＿＿＿

会 计 期 间：＿＿＿＿＿＿＿＿＿＿＿＿＿＿＿　复核人：＿＿＿＿＿　日期：＿＿＿＿＿

资产类别	原值						备注
	年初余额	本年增加	本年减少	年末余额	调整数	审定数	
合计							

资产类别	累计摊销						备注
	年初余额	本年增加	本年减少	年末余额	调整数	审定数	
合计							

资产类别	无形资产减值						备注
	年初余额	本年增加	本年减少	年末余额	调整数	审定数	
合计							

续表

资产类别	无形资产价值						备注
	年初余额	本年增加	本年减少	年末余额	调整数	审定数	
合计							

审计说明及调整分录：

审计结论：

无形资产项目的实质性测试

项目5	管理费用项目的实质性测试

【实训目的】 掌握管理费用项目的实质性测试方法。

【业务资料】 审计人员赵雯对杭州华丰有限责任公司2022年度管理费用进行审计时，发现如下情况：

1. 8月22日，支付产品展览费700 000元。

2. 9月20日，向杭州市环保局支付罚款50 000元，列作"管理费用"中污水处理费（已作企业所得税纳税调整）项目。

3. 10月31日，支付杭州电视台广告费12 000 000元，合同中规定，广告播放时间为1年（即从2022年11月1日—2023年10月31日）。

4. 12月25日，支付本年度工程的借款利息费用80 000元，该工程尚未完工。

5. 12月25日，支付2022年度公司行政管理人员宿舍房租100 000元，列作"管理费用"中办公费项目，相关增值税已经扣除。

公司提供的2022年度管理费用明细表见表6-5。

表6-5　　　　　　　　　　　　　　**2022年度管理费用明细表**　　　　　　　　　　单位：元

序号	项目	金额	序号	项目	金额
1	工资	13 544 900	12	邮电通信费	1 110 500
2	福利费	1 514 200	13	绿化费	4 479 700
3	折旧	5 912 900	14	污水处理费	2 166 900
4	业务招待费	1 539 800	15	坏账准备	0
5	咨询费	6 263 000	16	物料耗用	2 035 900
6	工会经费	1 000 000	17	差旅费	2 264 500
7	职工教育经费	750 000	18	修理费	2 257 300
8	水电费	1 501 200	19	会务费	509 000
9	无形资产摊销	1 500 500	20	其他	18 747 600
10	低值易耗品摊销	526 300	21	合计	69 122 100
11	办公费	1 497 900			

【实训要求】 根据相关业务资料，完成"管理费用审定表"工作底稿（具体见工作底稿6-4）。

【实训操作】

工作底稿6-4　　　　　　　**管理费用审定表**

被审计单位名称：_____　索引号：_____　页次：_____

执行人：_____　日期：_____

会 计 期 间：_____　复核人：_____　日期：_____

项目	未审数	账项调整		审定数	备注
		借方	贷方		
管理费用合计					
其中：工资					
福利费					
折旧					
业务招待费					
咨询费					
工会经费					
职工教育经费					
水电费					
无形资产摊销					
低值易耗品摊销					
办公费					
邮电通信费					
绿化费					
污水处理费					
坏账准备					
物料耗用					
差旅费					
修理费					
会务费					
其他					

审计调整分录及审计结论：

管理费用项目的实质性测试

【实训小结】

采购与付款循环审计测试能力训练标准具体见表6-6。

表 6-6　　　　采购与付款循环审计测试能力训练标准

序号	实训内容	能力训练标准
1	采购与付款循环的控制测试	➤ 实施材料采购循环的控制测试 ➤ 实施固定资产循环的控制测试 ➤ 实施无形资产循环的控制测试
2	应付账款项目的实质性测试	➤ 实施应付账款项目的检查程序 ➤ 实施应付账款项目的函证程序 ➤ 针对重要的应付账款项目实施审计程序 ➤ 编制审计调整分录，形成相关的审计工作底稿
3	固定资产项目的实质性测试	➤ 实施固定资产项目的检查程序 ➤ 实施固定资产项目的实质性分析程序 ➤ 针对重要的固定资产项目实施审计程序 ➤ 实施累计折旧项目的审计程序 ➤ 实施固定资产减值项目的审计程序 ➤ 编制审计调整分录，形成相关的审计工作底稿
4	无形资产项目的实质性测试	➤ 实施无形资产项目的检查程序 ➤ 针对重要的无形资产项目实施审计程序 ➤ 实施累计摊销项目的审计程序 ➤ 实施无形资产减值项目的审计程序 ➤ 编制审计调整分录，形成相关的审计工作底稿
5	管理费用项目的实质性测试	➤ 实施管理费用项目的检查程序 ➤ 实施管理费用项目的实质性分析程序 ➤ 针对重要或异常的管理费用项目实施审计程序 ➤ 编制审计调整分录，形成相关的审计工作底稿

【实训评价】

采购与付款循环审计测试能力评价具体见表6-7。

表 6-7   **采购与付款循环审计测试能力评价表**

序号	评分项目	学生自评
1	采购与付款循环的控制测试	□优秀　□良好　□中等　□合格　□不合格
2	应付账款项目的实质性测试	□优秀　□良好　□中等　□合格　□不合格
3	固定资产项目的实质性测试	□优秀　□良好　□中等　□合格　□不合格
4	无形资产项目的实质性测试	□优秀　□良好　□中等　□合格　□不合格
5	管理费用项目的实质性测试	□优秀　□良好　□中等　□合格　□不合格
实训总结		
教师评价		教师签字：
综合评价	□优秀　□良好　□中等　□合格　□不合格	

实训七　存货与仓储循环审计测试

【知识储备】

➤ 存货与仓储循环涉及的主要会计凭证与业务活动
➤ 存货与仓储循环控制测试各个模块的主要内容
➤ 存货的审计目标与审计程序；存货监盘、计价测试的审计方法
➤ 应付职工薪酬的审计目标与审计程序；应付职工薪酬的基本审计方法
➤ 营业成本的审计目标与审计程序；营业成本的基本审计方法

【业务流程】

存货与仓储循环审计测试的业务流程具体如图7-1所示。

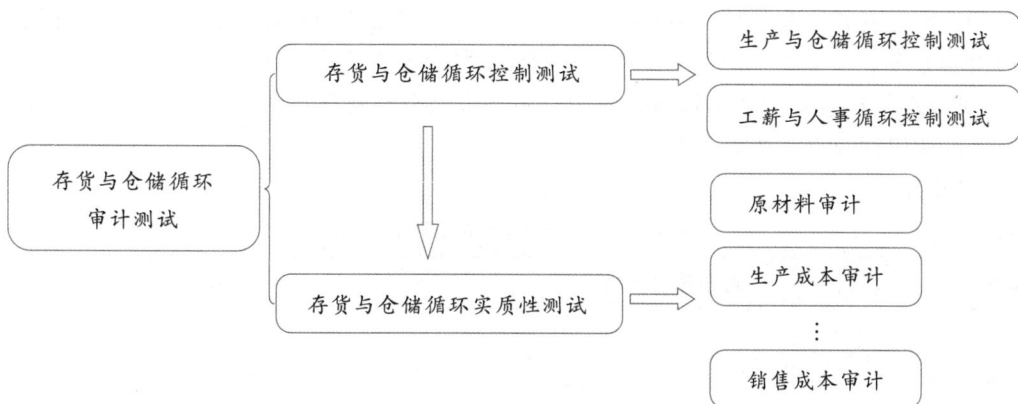

图7-1　存货与仓储循环审计测试业务流程

【实训项目】

存货与仓储循环审计测试的实训项目具体如图7-2所示。

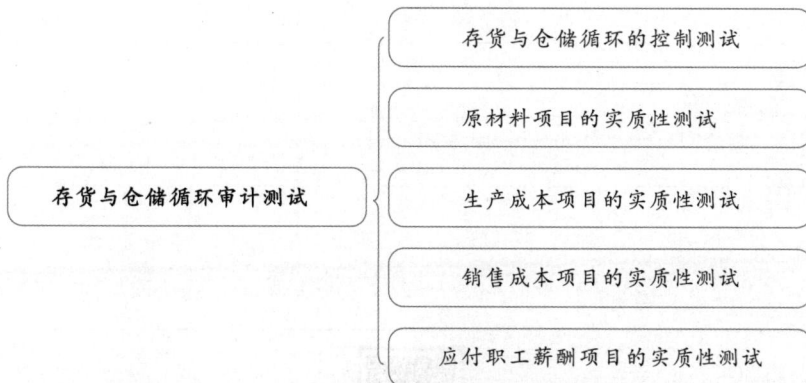

图7-2　实训项目结构树

项目 1	存货与仓储循环的控制测试

【实训目的】 掌握存货与仓储循环的控制测试方法。

【业务资料】 审计人员钱凯对杭州华丰有限责任公司存货与仓储循环实施控制测试，根据审查结果，在工作底稿中记录相关事项如下：

1.高价格的原材料保存在上锁的仓库里。仓库保管人员由一个主管和四个保管员组成。所有人员均受过良好训练，能够胜任仓库管理工作，且人员权限受到充分的限制，只有接到生产主管的书面或口头批准，才能将存货从仓库运出。

2.没有永续盘存记录，仓库保管员对验收和发出货物不进行记录。每月由仓库保管人员进行实地存货盘点，盘点时执行恰当的程序，以弥补永续盘存记录的缺失。

3.实地盘存后，仓库主管将盘点数量与已制定的再订货水平相比较，如果部分存货盘点数低于再订货水平，主管在原材料请购单上填写该存货号码，交予应付账款的财会人员。财会人员按再订货水平填制采购订单，并将订单邮寄给上次采购的供应商。

4.预定的材料到达公司时，由仓库保管员验收，保管员查点商品，并与运货人的提货单核对，所有卖方提货单都签字、登记日期，并制成文档存放在仓库作为验收报告。

【实训要求】 根据相关业务资料，指出存货与仓储循环各环节内部控制中存在的问题，并提出相关的改进建议（具体见表7-1）。

【实训操作】

表 7-1　　　　　　　　　　存货与仓储循环内部控制记录表

环节	内部控制缺陷	改进建议
采购		
验收		
存储		
领用		

存货与仓储循环的
控制测试

项目2　　　　原材料项目的实质性测试

【实训目的】掌握原材料项目的实质性测试方法。

【业务资料】审计人员对杭州华丰有限责任公司的存货进行审计。经账账核对，该公司账面反映存货112 047 800元。其中：原料及主要材料4 488 100元，辅助材料5 879 900元，包装物6 980 900元，产成品88 305 700元，生产成本6 393 200元。存货采用实际成本法核算，发出存货计价采用先进先出法核算。

1.审计人员钱凯在审计公司的原材料时，发现大米的账面价值（成本）为300 000元。该大米的市场价格为250 000元，用该大米生产的米饼市场价格为2元/袋，成本价为1元/袋。

同时，钱凯在审计产成品时，发现杏仁巧克力因不符合消费者口味，造成滞销。预计该杏仁巧克力可变现净值为120 000元，其账面价值为250 000元。

2.审计人员赵雯2023年2月6日对公司的材料实施监盘程序，除以下原材料账实不一致外，其余原材料均账实核对相符：

（1）辅助材料真菌酶盘存日实存量570千克，2023年1月1日至盘存日入库2 490千克，2023年1月1日至盘存日出库3 500千克，2022年12月31日真菌酶账面结存1 000千克，单价150元/千克，共计150 000元。

（2）辅助材料酵母营养盐盘存日实存量230千克，2023年1月1日至盘存日入库760千克，2023年1月1日至盘存日出库670千克，2022年12月31日酵母营养盐账面结存180千克，单价120元/千克，共计21 600元。

（3）原材料白糖实存量258袋（50千克/袋），2023年1月1日至盘存日入库1 860袋，2023年1月1日至盘存日出库2 670袋，2022年12月31日白糖账面结存1 104袋，单价150元/袋，共计165 600元。

3.审计人员张莉在对公司的存货进行抽盘时，发现：

（1）包装物仓库有1 000箱包装礼盒没有挂盘点单。经查询，该包装礼盒是经销商存放于被审计单位仓库的商品。

（2）产成品仓库有100箱纸箱装饼干没有挂盘点单。经查询，该饼干已出售给本地经销商。

（3）五金仓库内存有10种布满灰尘的原材料，每种原材料均挂有盘点单，经审计人员抽点，与盘点单记录相符。

4.审计人员赵雯对杭州华丰有限责任公司礼品巧克力进行计价测试，期末礼品巧克力结存数量为10 000件，期末余额为4 862 000元（相关明细资料具体见表7-2）。经审查期初余额和所有的数量、入库单价均无误，发出产品均对外销售完毕。公司对发出礼品巧克力进行会计处理如下：

借：主营业务成本——礼品巧克力　　　　　　　　　　　　　　　9 978 000
　　贷：库存商品——礼品巧克力　　　　　　　　　　　　　　　　　　　9 978 000

表 7-2　　　　　　　　　　　　　　库存商品明细账

产品：礼品巧克力　　　　　　　　　　　　　　　　　　　　　　　　金额单位：元

日期	摘要	入库			发出			结存		
		数量	单价	金额	数量	单价	金额	数量	单价	金额
1.1	期初余额							4 000	500	2 000 000
3.1	入库	4 000	540	2 160 000				8 000		4 160 000
4.1	销售				6 000	520	3 120 000	2 000		1 040 000
8.1	入库	16 000	480	7 680 000				18 000		8 720 000
10.3	销售				4 000	487	1 948 000	14 000		6 772 000
12.1	入库	6 000	500	3 000 000				20 000		9 772 000
12.31	销售				10 000	491	4 910 000	10 000		4 862 000
12.31	合计	26 000		12 840 000	20 000		9 978 000	10 000		4 862 000

　　同时，审计人员张莉对杭州华丰有限责任公司原材料发酵粉进行计价测试，经盘点的期末结存数量为 70 000 千克，审计前的期末余额为 415 000 元（相关明细资料具体见表 7-3）。经审查，期初余额和所有的数量、入库单价均无误，出库的发酵粉均用于生产曲奇饼干，本期生产的曲奇饼干全部完工验收入库，但均未对外销售。公司对发出原材料发酵粉进行的会计处理如下：

　　借：生产成本——曲奇饼干　　　　　　　　　　　　　　　　　　　812 300

　　　贷：原材料——原材料及主要材料（发酵粉）　　　　　　　　　　　812 300

表 7-3　　　　　　　　　　　　　　原材料明细账

原材料：发酵粉　　　　　　　　　　　　　　　　　　　　　　　　金额单位：元

日期	摘要	入库			发出			结存		
		数量	单价	金额	数量	单价	金额	数量	单价	金额
1.1	期初余额							80 000	5.40	432 000
1.31	领用				10 000		51 500	70 000		380 500
3.30	购入	20 000	4.60	92 000				90 000		472 500
3.31	领用				20 000		92 000	70 000		380 500
4.30	购入	10 000	4.50	45 000				80 000		425 500
5.30	购入	30 000	5.20	156 000				110 000		581 500
5.30	领用				70 000		315 000	40 000		266 500
6.30	购入	24 000	5.35	128 400				64 000		394 900
8.31	领用				6 000		28 200	58 000		366 700
9.30	购入	35 000	4.64	162 400				93 000		529 100
10.31	领用				8 000		37 600	85 000		491 500
11.30	购入	45 000	4.70	211 500				130 000		703 000
12.31	领用				60 000		288 000	70 000		415 000
12.31	期末余额	164 000	—	795 300	174 000	—	812 300	70 000	—	415 000

5.审计人员赵雯由报表附注发现，杭州华丰有限责任公司饼干包装盒12月末的账面余额为375 667元，大大高于本年度1至11月的平均水平，进一步审查发现饼干包装盒12月份增减变动的有关凭证汇总如下：

（1）12月1日，饼干包装盒的期初余额380 000元，单价95元，共计4 000千克。

（2）12月10日，购入1 500千克，单价100元，价款150 000元，发生入库前挑选费用4 500元，相关增值税已经扣除。

（3）12月20日，购入2 000千克，单价130元，价款260 000元，支付相关运费10 000元，相关增值税已经扣除。

（4）12月15日和25日，生产车间分别领用2 000千克，主要用于产品生产，该车间仅生产饼干产品。

12月31日，杭州华丰有限责任公司针对该饼干包装盒进行的会计处理如下：

借：生产成本   429 333
　　贷：周转材料——包装物   429 333

"周转材料——包装物"各明细账余额信息如下：饼干包装盒375 667元；乳品包装盒3 390 443元；休闲食品包装盒2 090 341元，其他包装物1 124 449元。

【实训要求】

1.根据相关业务资料，完成"存货抽盘表"工作底稿（具体见工作底稿7-1）。

2.根据审计人员张莉对公司存货进行抽盘的情况，制定相应的审计策略（具体见表7-4）。

3.根据相关业务资料，完成"存货计价测试表"工作底稿（具体见工作底稿7-2、工作底稿7-3）。

4.根据相关业务资料，完成"周转材料审定表"工作底稿（具体见工作底稿7-4）。

5.根据相关业务资料，完成"存货审定表"工作底稿（具体见工作底稿7-5）。

【实训操作】

工作底稿7-1　　　　　　　　　存货抽盘表

被审计单位名称：＿＿＿＿＿＿＿　索引号：＿＿＿＿　页次：＿＿＿＿
　　　　　　　　　　　　　　　　执行人：＿＿＿＿　日期：＿＿＿＿
会　计　期　间：＿＿＿＿＿＿＿　复核人：＿＿＿＿　日期：＿＿＿＿

序号	品名型号规格	计量单位	盘点日实存量	加：盘点日前付出量	减：盘点日前收入量	实存数量	账面结存		差异			调整数	审定数
							数量	金额	数量	单价	金额		
合计													

续表

调整分录:
审计结论:

说明: 1.存货抽查应包括材料、产成品等各类存货;

　　　2."差异"栏盘亏在数量和金额前用"-"号表示;

　　　3.盘点时应对存货的质量状况予以关注;

　　　4.存货抽查合计金额占财务报表余额的比重应在审计说明中标明;

　　　5.行次不足填列,另行加页。

表 7-4　　　　　　　　　　存货抽盘审计策略一览表

序号	抽盘情况	审计策略
1	包装物仓库有1 000箱包装礼盒没有挂盘点单。经查询,该包装礼盒是经销商存放于被审计单位仓库的商品	
2	产成品仓库有100箱纸箱装饼干没有挂盘点单。经查询,该饼干已出售给本地经销商	
3	五金仓库内存有10种布满灰尘的原材料,每种原材料均挂有盘点单,经审计人员抽点,与盘点单记录相符	

工作底稿7-2　　　　　　　　　**存货计价测试表-1**

被审计单位名称：_____　　索引号：_____　页次：_____

　　　　　　　　　　　　　　　　　　　　　执行人：_____　日期：_____

会　计　期　间：_____　　　　　复核人：_____　日期：_____

品名及规格：**礼品巧克力**

日期		增加			减少（计价方法：先进先出法）			结存		
月	日	数量	单价	金额	数量	单价	金额	数量	单价	金额
合计										

审计说明：

工作底稿7-3　　　　　　　　　**存货计价测试表-2**

被审计单位名称：_____　　索引号：_____　页次：_____

　　　　　　　　　　　　　　　　　　　　　　执行人：_____　日期：_____

会 计 期 间：_____　　复核人：_____　日期：_____

品名及规格：**发酵粉**

日期		增加			减少（计价方法：先进先出法）			结存		
月	日	数量	单价	金额	数量	单价	金额	数量	单价	金额
合计										

审计说明：

工作底稿7-4　　　　　　　　　**周转材料审定表**

被审计单位名称：_____　索引号：_____　页次：_____

　　　　　　　　　　　　　　　　执行人：_____　日期：_____

会　计　期　间：_____　复核人：_____　日期：_____

项目名称	本期未审数	账项调整		本期审定数	索引号
		借方	贷方		
一、包装物					
1.饼干包装盒					
2.乳品包装盒					
3.休闲食品包装盒					
4.其他					
二、低值易耗品					
1.玻璃瓶					
2.杯具					
3.搅拌器					
4.其他					
合计					

审计调整及审计结论：

工作底稿7-5   **存货审定表**

被审计单位名称：_____   索引号：_____   页次：_____

                                       执行人：_____   日期：_____

会 计 期 间：_____   复核人：_____   日期：_____

项目名称	本期未审数	账项调整		本期审定数	索引号
		借方	贷方		
1.库存材料					
（1）原材料					
①原料及主要材料					
②辅助材料					
③外购半成品					
④修理备用件					
（2）周转材料					
①包装物					
②低值易耗品					
2.在途材料					
3.委托加工材料					
4.生产成本					
5.自制半成品					
6.库存商品					
7.发出商品					
8.其他项目					
合计					

审计调整及审计结论：

项目 3　　生产成本项目的实质性测试

【实训目的】掌握生产成本项目的实质性测试方法。

【业务资料】审计人员钱凯在审查杭州华丰有限责任公司 2022 年度的利润表时，抽查了 12 月份的啤酒产品成本资料，发现啤酒已完工 600 箱，月末在产品 300 箱，当月生产的完工产品全部未销售。原材料在生产开始时一次性投入，月末完工产品与在产品之间的费用按照约当产量比例进行分配，在产品完工程度按平均 50% 计算。产品成本明细表见表 7-5。

表 7-5　　　　　　　　　　　　　产品成本明细表　　　　　　　　　　　　单位：元

项目	月初在产品	本期生产费用	完工产品成本	月末在产品
直接材料	16 000	119 000	108 000	27 000
直接人工	5 800	48 200	43 200	10 800
制造费用	2 350	16 400	15 000	3 750
合计	24 150	183 600	166 200	41 550

【实训要求】根据相关业务资料，重新计算完工产品成本和月末在产品成本，并编制审计调整分录（具体见表 7-6）。

【实训操作】

表 7-6　　　　　　　　　　　　　产品成本计算表

项目	直接材料	直接人工	制造费用	合计
月初在产品				
本期生产费用				
合计				
分配率				
完工产品成本				
月末在产品				

计算过程演示：

续表

审计调整分录：

生产成本项目的
实质性测试

项目4 销售成本项目的实质性测试

【实训目的】掌握销售成本项目的实质性测试方法。

【业务资料】审计人员张莉对杭州华丰有限责任公司的销售成本项目实施审计，重点审查巧克力系列产品。相关生产成本信息如下：投入直接材料119 301 700元，生产工人工资为20 153 300元，制造费用为60 589 980元，外购动力等为5 577 800元。在产品的期初余额为4 993 000元，产成品的期初余额为4 449 400元。该公司本年度共出口啤酒148 300元，增值税税率为13%，出口退税率为9%，视同销售产成品转出1 490 712元。经审查，发现存在以下问题：

1.已领未用的材料10 000 000元，未做假退料处理。

2.为在建工程发生的人工费用计入生产成本20 000 000元。

通过对公司期末在产品、产成品的盘点发现，在产品的实际金额为4 800 000元，产成品的实际金额为41 163 156元，产品发出采用先进先出法，本期生产的产品80%均已销售完毕。

【实训要求】根据相关业务资料，完成"生产成本及销售成本倒轧表"工作底稿（具体见工作底稿7-6）。

【实训操作】

工作底稿7-6　　　　　　　**生产成本及销售成本倒轧表**

被审计单位名称：＿＿＿＿＿＿＿＿＿＿＿＿＿＿＿　索引号：＿＿＿＿＿　页次：＿＿＿＿＿

执行人：＿＿＿＿＿　日期：＿＿＿＿＿

会 计 期 间：＿＿＿＿＿＿＿＿＿＿＿　复核人：＿＿＿＿＿　日期：＿＿＿＿＿

行次	项目	未审数	调整数	审定数
1	直接材料成本			
2	加：直接人工成本			
3	制造费用			
4	外购动力等			
5	委托加工费等			
6	生产成本			
7	加：在产品期初余额			
8	减：在产品期末余额			
9	产品生产成本			
10	加：产成品期初余额			
11	分期收款发出商品期初余额			
12	减：产成品期末余额			
13	分期收款发出商品期末余额			
14	视同销售产品成本转出			
15	加：出口产品"进项税额"转入			
16	产品销售成本			

注：凡有出口产品"进项税额"及其他项目的，在"项目"栏空行内填列。

审计调整分录：

销售成本项目的
实质性测试

项目5　　应付职工薪酬项目的实质性测试

【实训目的】掌握应付职工薪酬项目的实质性测试方法。

【业务资料】审计人员赵雯对杭州华丰有限责任公司2022年度的财务报表进行审计，发现应付职工薪酬项目主要存在以下问题：

1.在审计应付职工薪酬时，发现公司12月份工资结算汇总表见表7-7。

表7-7　　　　　　　　　　　公司12月份工资结算汇总表　　　　　　　　　　单位：元

项目	应付工资							代扣款项		实发金额
	计时工资	计件工资	奖金	津贴和补贴	加班加点工资	其他	合计	水费	电费	
生产人员	320 000	80 000	40 000	8 000	5 000	2 000	455 000	22 000	8 000	425 000
车间管理人员	60 000		20 000	4 000			84 000	2 000	4 000	78 000
行政管理人员	80 000		25 000	5 000			110 000	2 000	3 000	105 000
在建工程人员	20 000		6 000	2 000			28 000	1 000	1 000	26 000
合计	480 000	80 000	91 000	19 000	5 000	2 000	677 000	27 000	16 000	634 000

"应付职工薪酬"账户余额是27 652 500元。经审查，12月份公司应付工资应发数金额计算准确，相关计提、扣除项目不准确。杭州华丰有限责任公司应交纳的各类保险、住房公积金等项目具体见表7-8。

表7-8　　　　　　　　　　公司各项福利项目计提比率一览表

序号	项目	企业缴纳比率（月）	个人缴纳比率（月）	合计
1	养老保险	21%	8%	29%
2	医疗保险	9%	2%	11%
3	失业保险	2%	1%	3%
4	工伤保险	0.5%	—	0.5%
5	生育保险	0.8%		0.8%
6	住房公积金	8%	8%	16%
7	工会经费	2%		2%
8	职工教育经费	2.5%	—	2.5%
9	职工福利	14%		14%
合计		59.8%	19%	78.8%

2.杭州华丰有限责任公司于2022年底将本公司生产的10箱高级食品礼盒作为职工福利发给职工，其中，4箱发放给生产人员，2箱发放给车间管理人员，2箱发放给行政管理人员，2

箱发放给在建工程人员。高级食品礼盒单位成本5 000元，不含税单位售价为10 000元，增值税税率为13%。杭州华丰有限责任公司年底对上述事项未作账务处理。

【实训要求】

1. 根据相关业务资料，完成"应付职工薪酬审定表"工作底稿（具体见工作底稿7-7）。

2. 根据相关业务资料，完成"应付职工薪酬计提情况检查表"工作底稿（具体见工作底稿7-8）。

3. 根据相关业务资料，完成"应付职工薪酬分配情况检查表"工作底稿（具体见工作底稿7-9）。

【实训操作】

工作底稿7-7　　　　　　　　　　**应付职工薪酬审定表**

被审计单位名称：_____　　　索引号：_____　页次：_____

执行人：_____　日期：_____

会　计　期　间：_____　　　复核人：_____　日期：_____

项目名称	期末未审数	账项调整		重分类调整		期末审定数	索引号
		借方	贷方	借方	贷方		
合计							

审计说明及调整分录：

审计结论：

工作底稿7-8　　　　　　　　　**应付职工薪酬计提情况检查表**

被审计单位名称：＿＿＿＿＿＿＿＿＿＿＿＿＿　　　索引号：＿＿＿＿＿　　页次：＿＿＿＿＿

执行人：＿＿＿＿＿　　日期：＿＿＿＿＿

会　计　期　间：＿＿＿＿＿＿＿＿＿＿＿＿＿　　　复核人：＿＿＿＿＿　　日期：＿＿＿＿＿

项目名称	已计提金额	应计提基数	计提比率	应计提金额	应提与已提的差异	备注
1.工资						
2.奖金						
3.津贴和补贴						
4.加班加点工资						
5.职工福利						
6.社会保险费						
（1）医疗保险						
（2）养老保险						
（3）失业保险						
（4）工伤保险						
（5）生育保险						
7.住房公积金						
8.工会经费						
9.职工教育经费						
10.非货币性福利						
11.辞退福利						
12.以现金结算的股份支付						
13.其他						
合计						

审计说明：

工作底稿7-9　　　　**应付职工薪酬分配情况检查表**

被审计单位名称：_____　　　索引号：_____　页次：_____

　　　　　　　　　　　　　　　　　　　执行人：_____　日期：_____

会　计　期　间：_____　　　复核人：_____　日期：_____

项目名称	生产成本	制造费用	管理费用	在建工程	合计	核对是否正确	差异原因
1.工资							
2.奖金							
3.津贴和补贴							
4.加班加点工资							
5.职工福利							
6.社会保险费							
（1）医疗保险							
（2）养老保险							
（3）失业保险							
（4）工伤保险							
（5）生育保险							
7.住房公积金							
8.工会经费							
9.职工教育经费							
10.非货币性福利							
11.辞退福利							
12.以现金结算的股份支付							
13.其他							
合计							

审计说明：

【实训小结】

存货与仓储循环审计测试能力训练标准具体见表7-9。

表 7-9　　　　　　　　　存货与仓储循环审计测试能力训练标准

序号	实训内容	能力训练标准
1	存货与仓储循环的控制测试	➢ 实施生产与仓储循环的控制测试 ➢ 实施工薪与人事循环的控制测试
2	原材料项目的实质性测试	➢ 实施原材料项目的检查程序 ➢ 实施原材料项目的实质性分析程序 ➢ 实施原材料项目的截止测试程序 ➢ 实施原材料项目的监盘程序 ➢ 实施原材料项目的计价测试程序 ➢ 针对特殊的原材料业务实施审计程序 ➢ 实施存货跌价准备项目的审计程序 ➢ 编制审计调整分录，形成相关的审计工作底稿
3	生产成本项目的实质性测试	➢ 实施生产成本项目的检查程序 ➢ 实施生产成本项目的实质性分析程序 ➢ 实施生产成本项目的计价测试程序 ➢ 编制审计调整分录，形成相关的审计工作底稿
4	销售成本项目的实质性测试	➢ 实施销售成本项目的检查程序 ➢ 实施销售成本项目的实质性分析程序 ➢ 针对重要的销售成本业务实施审计程序 ➢ 编制审计调整分录，形成相关的审计工作底稿
5	应付职工薪酬项目的实质性测试	➢ 实施应付职工薪酬项目的检查程序 ➢ 实施应付职工薪酬项目的实质性分析程序 ➢ 针对重要的应付职工薪酬业务实施审计程序 ➢ 编制审计调整分录，形成相关的审计工作底稿

【实训评价】

存货与仓储循环审计测试能力评价具体见表7-10。

表 7-10   存货与仓储循环审计测试能力评价表

序号	评分项目	学生自评				
1	存货与仓储循环的控制测试	□优秀	□良好	□中等	□合格	□不合格
2	原材料项目的实质性测试	□优秀	□良好	□中等	□合格	□不合格
3	生产成本项目的实质性测试	□优秀	□良好	□中等	□合格	□不合格
4	销售成本项目的实质性测试	□优秀	□良好	□中等	□合格	□不合格
5	应付职工薪酬项目的实质性测试	□优秀	□良好	□中等	□合格	□不合格
实训总结						
教师评价	教师签字：					
综合评价	□优秀 □良好 □中等 □合格 □不合格					

实训八　筹资与投资循环审计测试

【知识储备】

➤ 筹资与投资循环涉及的主要会计凭证与业务活动
➤ 筹资与投资循环控制测试各个模块的主要内容
➤ 银行借款的审计目标与审计程序；银行借款的基本审计方法
➤ 实收资本的审计目标与审计程序；实收资本的基本审计方法
➤ 交易性金融资产的审计目标与审计程序；交易性金融资产的基本审计方法
➤ 所得税费用的审计目标与审计程序；所得税费用的基本审计方法

【业务流程】

筹资与投资循环审计测试的业务流程具体如图8-1所示。

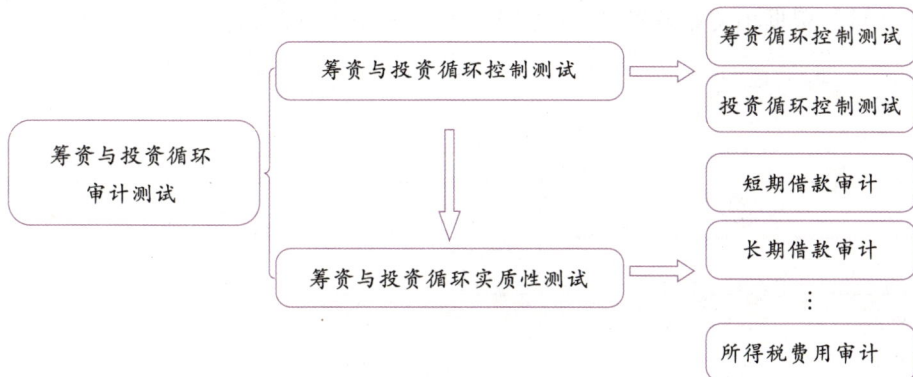

图8-1　筹资与投资循环审计测试的业务流程

【实训项目】

筹资与投资循环审计测试的实训项目具体如图8-2所示。

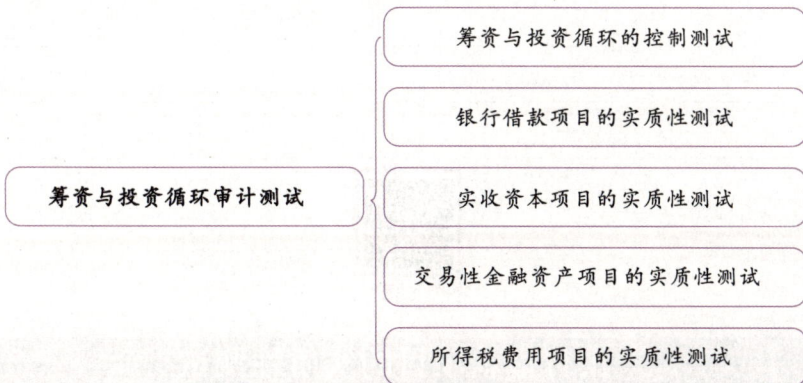

图8-2　实训项目结构树

项目1　　　　　　　　筹资与投资循环的控制测试

【实训目的】掌握筹资与投资循环的控制测试方法。

【业务资料】审计人员赵雯对杭州华丰有限责任公司的筹资与投资循环的内部控制进行测试，根据审查结果，在审计工作底稿中记录相关事项如下：

公司股东大会批准董事会的投资权限为1亿元以下，董事会决定由总经理负责实施。总经理决定由证券部负责总额在1亿元以下的股票买卖。公司规定，公司划入美华证券公司的款项由证券部申请，由财会部审核，经总经理批准后划入公司在美华证券公司开立的资金账户。经总经理批准，证券部直接从美华证券公司的资金账户支取款项进行证券买卖。证券买卖、资金存取的会计记录由会计部门处理。

审计人员赵雯了解和测试投资循环的内部控制系统后发现：证券部在美华证券公司开户的有关协议及补充协议未经财会部或法律部审核。根据总经理的批准，财会部已将9 000万元汇入该资金账户。证券部处理证券买卖的会计记录，月底将证券买卖清单交给财会部，由财会部据此登记入账。

【实训要求】根据相关业务资料，请指出筹资与投资循环内部控制中存在的问题，并提出改进意见。

【实训操作】

_____

_____

_____

_____

_____

_____

_____

_____

_____

筹资与投资循环的
控制测试

项目2　　　　　　　银行借款项目的实质性测试

【实训目的】掌握银行借款项目的实质性测试方法。

【业务资料】审计人员钱凯对杭州华丰有限责任公司2022年度财务报表审计时，注意到长期借款项目的附注披露见表8-1。

表 8-1　　　　　　　　　公司长期借款附注信息明细表

贷款单位	金额（万元）	借款期限	年利率	借款条件	还款方式	用途
中国工商银行庆春支行	1 200	2019.4.1—2022.5.30	8.45%	担保借款	到期还本、分期（月）付息	专门借款用于引进生产线（2021年10月31日已完工）
中国农业银行秋涛支行	12 800	2022.1.1—2023.5.30	8.65%	抵押借款	到期一次还本付息	专门借款用于厂房改造（2022年9月1日开工到年底完工）
招商银行武林支行	780	2021.7.1—2023.6.30	5.85%	担保借款	到期还本、分期（月）付息	一般价款用于补充资金
合计	14 780	—	—	—	—	—

财务报表上列示的长期借款2022年年末余额为135 800 000元，财务费用期末余额为8 060 133.33元，列支于"在建工程"的利息费用为3 890 666.67元。

【实训要求】

1. 根据相关业务资料，完成"长期借款审定表"工作底稿（具体见工作底稿8-1）。

2. 根据相关业务资料，重新计算2022年利息费用，并完成"财务费用审定表"工作底稿（具体见工作底稿8-2）。

【实训操作】

工作底稿8-1　　　　　　　　　长期借款审定表

被审计单位名称：_____　　索引号：_____　页次：_____

执行人：_____　　日期：_____

会 计 期 间：_____　　复核人：_____　　日期：_____

项目名称	期末未审数	账项调整		重分类调整		期末审定数	索引号
		借方	贷方	借方	贷方		
信用借款							
担保借款							
抵押借款							
质押借款							
保证借款							
合计							

审计过程说明：

审计结论：

工作底稿8-2   **财务费用审定表**

被审计单位名称：＿＿＿＿＿＿＿＿＿＿＿   索引号：＿＿＿＿＿   页次：＿＿＿＿＿

                                         执行人：＿＿＿＿＿   日期：＿＿＿＿＿

会 计 期 间：＿＿＿＿＿＿＿＿＿＿＿   复核人：＿＿＿＿＿   日期：＿＿＿＿＿

项目名称	期末未审数	账项调整		期末审定数	索引号
		借方	贷方		
合计					

审计过程说明及审计结论：

银行借款项目的
实质性测试

项目 3　　　　　　　　　实收资本项目的实质性测试

【实训目的】掌握实收资本项目的实质性测试方法。

【业务资料】审计人员张莉对杭州华丰有限责任公司的所有者权益进行审计，经审查，该公司 2022 年年初实收资本为 80 000 000 元（其中，黄山公司 30 000 000 元，泰山公司 20 000 000 元，衡山公司 30 000 000 元）。10 月 20 日，该公司接受华山公司投资 500 000 元现金和双方确定的价值为 26 000 000 元（生产线原值 30 000 000 元，累计折旧 3 000 000 元）的生产线设备一套，华山公司准备持有该公司注册资本的 20%。杭州华丰有限责任公司已将投资款收存银行，生产线设备验收并投入生产。经审查，该笔业务的会计处理为：

```
借：银行存款                                              500 000
    固定资产                                           30 000 000
    贷：实收资本                                        26 500 000
        资本公积——资本溢价                             1 000 000
        累计折旧                                        3 000 000
```

12 月 2 日，杭州华丰有限责任公司接受国际环球公司的美元投资 1 000 万元，合同约定美元对人民币的汇率为 1∶6.8；收到外币投资款项时美元对人民币的市场汇率为 1∶6.72。相关会计处理如下：

```
借：银行存款（$10 000 000）                           67 200 000
    贷：实收资本                                       67 200 000
```

【实训要求】根据相关业务资料，完成"实收资本审定表"工作底稿（具体见工作底稿 8-3）。

【实训操作】

工作底稿 8-3　　　　　　　　　**实收资本审定表**

被审计单位名称：_____　　　　索引号：_____　　页次：_____

　　　　　　　　　　　　　　　　　　　　执行人：_____　　日期：_____

会 计 期 间：_____　　　　　　复核人：_____　　日期：_____

股东名称	期末未审数	账项调整		重分类调整		期末审定数	索引号
		借方	贷方	借方	贷方		
合计							

续表

审计说明及审计调整分录：

实收资本项目的
实质性测试

项目4　　　交易性金融资产项目的实质性测试

【实训目的】掌握交易性金融资产项目的实质性测试方法。

【业务资料】审计人员钱凯、赵雯对杭州华丰有限责任公司2022年度财务报表进行审计时发现，该公司对外投资以股票投资为主要方式，并且股票由专人负责登记记账，部分投资的股票由众诚证券公司代为保管。审计人员向众诚证券公司发出询证函，确定代杭州华丰有限责任公司保管的2022年度股票数量、金额是否正确。众诚证券公司回函表示相关函证内容正确无误。其他相关资料整理、摘录见表8-2。

表 8-2   **交易性金融资产账表认定数据**   单位：元

项目	期初数	期末数
资产负债表所列示报表数据	6 601 853	8 101 853
交易性金融资产明细账所列示数额	6 601 853	8 101 853
合计	6 601 853	8 101 853

交易性金融资产明细账的相关数据见表 8-3。

表 8-3   **交易性金融资产明细账相关数据**   金额单位：元

有价证券名称	数量	成本价	总成本	收盘价（2022.12.31）	期末市价（2022.12.31）
浦东大众	10 000	25	250 000	25.70	257 000
新黄浦	50 000	9	450 000	8.02	401 000
飞乐股份	100 000	8	800 000	7.19	719 000
合计	160 000	—	1 500 000	—	1 377 000

注：上述有价证券全部为本年购入。

【实训要求】根据相关业务资料，完成"交易性金融资产审定表"工作底稿（具体见工作底稿 8-4）。

【实训操作】

工作底稿 8-4   **交易性金融资产审定表**

被审计单位名称：_____   索引号：_____   页次：_____

执行人：_____   日期：_____

会计期间：_____   复核人：_____   日期：_____

项目名称	期末未审数	账项调整借方	账项调整贷方	重分类调整借方	重分类调整贷方	期末审定数	索引号
1.交易性债券投资							
2.交易性权益工具投资							
3.指定为以公允价值计量且其变动计入当期损益的金融资产							
4.衍生金融资产							
5.其他							
合计							

续表

审计调整及审计结论：

交易性金融资产
项目的实质性测试

项目5　　所得税费用项目的实质性测试

【实训目的】掌握所得税费用项目的实质性测试方法。

【业务资料】审计人员钱凯对杭州华丰有限责任公司的所得税费用项目实施实质性测试，公司2022年度财务报表利润总额为64 611 000元，净利润为49 596 400元，所得税税率为25%，计算缴纳所得税费用15 014 600元。经查阅有关账证资料，发现下列情况需要进一步审查：

1. 公司2022年度有正式职工100人，实际列支合理工资、津贴、补贴、奖金为1 200 000元。

2. 公司"长期借款"账户中记载：年初向中国银行借款100 000元，年利率为5%；向其他企业借入周转金200 000元，年利率为10%，上述借款均用于生产经营。

3. 全年销售收入60 000 000元，公司列支业务招待费250 000元。

4. 2022年10月，计提的公司管理人员的工会经费24 000元、职工教育经费30 000元，未列入相关成本费用。

5. 2022年6月5日，"管理费用"科目列支厂部办公室使用的空调一台，价款6 000元（折旧年限按3年计算，不考虑残值）。

6. 2022年12月5日，"营业外支出"科目列支公司支付杭州市交通局的罚款50 000元。

7. 年末"应收账款"借方余额1 500 000元，"坏账准备"科目贷方余额6 000元。公司坏账核算采用账龄分析法，经税务机关审批同意，确认坏账损失45 000元。

8. 年末公司根据市场情况对面包类产品生产线计提跌价准备40 000元，计入当期损益。

【实训要求】

1. 根据相关业务资料，完成"所得税费用审定表"工作底稿（具体见工作底稿8-5）。

2. 根据相关业务资料，完成"未分配利润审定表"工作底稿（具体见工作底稿8-6）。

【实训操作】

工作底稿8-5　　　　　　**所得税费用审定表**

被审计单位名称：_____　　索引号：_____　　页次：_____

　　　　　　　　　　　　　　执行人：_____　　日期：_____

会 计 期 间：_____　　复核人：_____　　日期：_____

项目名称	本期未审数	账项调整		本期审定数	索引号
		借方	贷方		

审计过程说明及审计调整分录：

工作底稿8-6   **未分配利润审定表**

被审计单位名称：＿＿＿＿＿＿＿＿＿＿＿＿＿   索引号：＿＿＿＿＿   页次：＿＿＿＿＿

执行人：＿＿＿＿＿   日期：＿＿＿＿＿

会 计 期 间：＿＿＿＿＿＿＿＿＿＿＿＿＿   复核人：＿＿＿＿＿   日期：＿＿＿＿＿

项目名称	期末未审数	账项调整		重分类调整		期末审定数	索引号
		借方	贷方	借方	贷方		

审计说明及审计调整分录：

【实训小结】

筹资与投资循环审计测试能力训练标准具体见表8-4。

表 8-4　　　　　　　　　　筹资与投资循环审计测试能力训练标准

序号	实训内容	能力训练标准
1	筹资与投资循环的控制测试	➢ 实施筹资活动的控制测试 ➢ 实施投资活动的控制测试
2	银行借款项目的实质性测试	➢ 实施银行借款项目的检查程序 ➢ 实施银行借款项目的函证程序 ➢ 实施借款利息项目的审计程序 ➢ 编制审计调整分录，形成相关的审计工作底稿
3	实收资本项目的实质性测试	➢ 实施实收资本项目的检查程序 ➢ 实施实收资本项目的函证程序 ➢ 针对重要的实收资本项目实施审计程序 ➢ 编制审计调整分录，形成相关的审计工作底稿
4	交易性金融资产项目的实质性测试	➢ 实施交易性金融资产项目的检查程序 ➢ 实施交易性金融资产项目的计价测试 ➢ 实施交易性金融资产项目的函证程序 ➢ 针对重要的交易性金融资产项目实施审计程序 ➢ 编制审计调整分录，形成相关的审计工作底稿
5	所得税费用项目的实质性测试	➢ 实施所得税费用项目的检查程序 ➢ 实施应交所得税项目的审计程序 ➢ 实施递延所得税费用项目的审计程序 ➢ 编制审计调整分录，形成相关的审计工作底稿

【实训评价】

筹资与投资循环审计测试能力评价具体见表8-5。

表 8-5　　　　　　　　**筹资与投资循环审计测试能力评价表**

序号	评分项目	学生自评				
1	筹资与投资循环的控制测试	□优秀	□良好	□中等	□合格	□不合格
2	银行借款项目的实质性测试	□优秀	□良好	□中等	□合格	□不合格
3	实收资本项目的实质性测试	□优秀	□良好	□中等	□合格	□不合格
4	交易性金融资产项目的实质性测试	□优秀	□良好	□中等	□合格	□不合格
5	所得税费用项目的实质性测试	□优秀	□良好	□中等	□合格	□不合格
实训总结						
教师评价	教师签字：					
综合评价	□优秀　□良好　□中等　□合格　□不合格					

实训九　货币资金与交易循环审计测试

【知识储备】

➤ 货币资金与交易循环与各个循环交易的关系

➤ 货币资金与交易循环控制测试各个模块的主要内容

➤ 货币资金与交易循环涉及的主要会计凭证与业务活动

➤ 库存现金的审计目标与审计程序；库存现金盘点的审计方法

➤ 银行存款的审计目标与审计程序；银行存款的基本审计方法

【业务流程】

货币资金与交易循环审计测试的业务流程具体如图9-1所示。

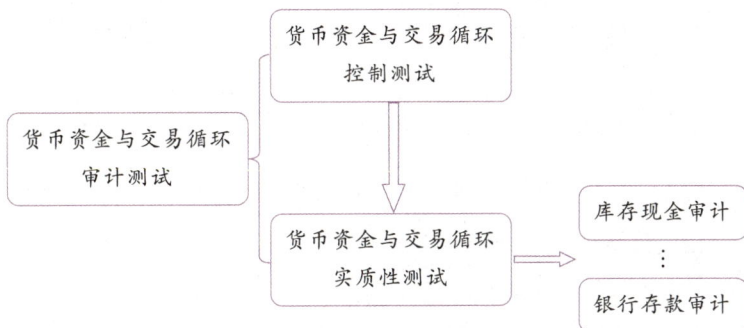

图9-1　货币资金与交易循环审计测试的业务流程

【实训内容】

货币资金与交易循环审计测试的实训项目具体如图9-2所示。

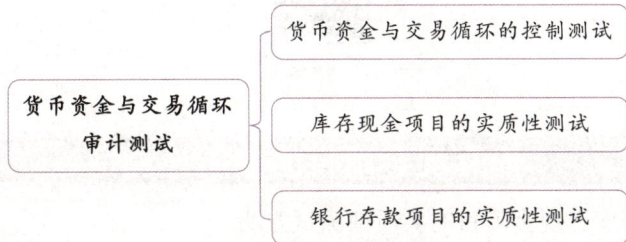

图9-2　实训项目结构树

项目1　货币资金与交易循环的控制测试

【实训目的】掌握货币资金与交易循环的控制测试方法。

【业务资料】审计人员钱凯对杭州华丰有限责任公司实施货币资金与交易循环的控制测试，根据审查结果，在工作底稿中记录相关事项：

1.为加强货币资金支付管理，货币资金支付审批实行分级管理办法：单笔付款金额在

10万元以下的，由财务部经理审批；单笔付款金额在10万元以上、50万元以下的，由总经理审批。

2. 为统一财务管理，提高会计核算水平，设置内部审计部门，由主管会计兼任内部审计负责人。

3. 定期和不定期地进行现金盘点，对于盘盈或盘亏的情况报经管理层批准后，进行相关账务处理。

4. 对于超过授权范围审批的货币资金业务，出纳人员在办理后应及时向上级部门报告。

5. 对于签发票据所必需的印鉴，由财务主管负责保管，出纳人员使用完毕应及时交还财务主管。

【实训要求】根据相关业务资料，指出货币资金与交易循环内部控制中存在的问题。

【实训操作】

_____

_____

_____

_____

_____

_____

_____

_____

_____

_____

货币资金与交易循环
的控制测试

项目 2　　库存现金项目的实质性测试

【实训目的】掌握库存现金项目的实质性测试方法。

【业务资料】审计人员张莉、钱凯对杭州华丰有限责任公司库存现金项目实施实质性测试，公司在财会部门和销售部门均存放库存现金，审计人员拟定于2023年1月22日对该公司全部现金进行监盘。具体监盘工作计划如下：

1. 实施监盘前一天（即1月21日），审计人员通知杭州华丰有限责任公司会计主管人员和出纳员做好准备。

2. 考虑到杭州华丰有限责任公司的日常工作安排，对财会部门和销售部门的库存现金的监盘时间分别定在1月22日的上午9点和下午5点。

3. 监盘时，由出纳张芳晓把库存现金放入保险柜，并将已办妥现金收付手续的交易登记库存现金日记账，结出库存现金日记账余额。

4.审计人员张莉、钱凯当场盘点现金。杭州华丰有限责任公司会计主管人员何静将张莉、钱凯的盘点结果与库存现金日记账核对后，编制"库存现金监盘表"。

5.审计人员张莉、钱凯在"库存现金盘点表"上签字后形成审计工作底稿。

2023年1月22日，审计人员张莉、钱凯根据调整后的监盘工作计划，对杭州华丰有限责任公司全部现金进行监盘，具体结果如下：

1.现金实存数人民币1 000元。其中，100元币5张，50元币4张，20元币5张，10元币15张，5元币9张，1元币5张。

2.清点中还发现有下列已收付的单据，但尚未登记入账：①采购员王敏预借差旅费的借条一张，金额1 600元，日期是2022年12月28日，已经批准；②零星材料销售现金收入凭证一张，金额800元，日期为2022年12月26日，相关税金已扣除。

3.进一步核对2023年1月1日~1月21日的现金收支凭证和记录，查明该期间现金收入35 300元、支出34 800元。

4.公司2022年12月31日现金账面余额1 300元，2023年1月22日现金账面余额1 800元。

5.开户银行核定的公司库存现金限额为2 000元。

【实训要求】

1.根据相关业务资料，请指出库存现金监盘计划工作存在哪些不当之处，并提出改进意见（具体见表9-1）。

2.根据相关业务资料，完成"库存现金盘点表"工作底稿（具体见工作底稿9-1）。

3.根据相关业务资料，完成"库存现金审定表"工作底稿（具体见工作底稿9-2）。

【实训操作】

表 9-1　　　　　　　杭州华丰有限责任公司库存现金监盘计划分析表

项目	存在的问题	改进意见
1		
2		
3		
4		
5		

工作底稿9-1　　　　　　　　**库存现金盘点表**

被审计单位名称：＿＿＿＿＿＿＿＿＿＿＿＿＿　　　索引号：＿＿＿＿＿＿　页次：＿＿＿＿＿＿

　　　　　　　　　　　　　　　　　　　　　　　执行人：＿＿＿＿＿＿　日期：＿＿＿＿＿＿

会　计　期　间：＿＿＿＿＿＿＿＿＿＿＿＿＿　　　复核人：＿＿＿＿＿＿　日期：＿＿＿＿＿＿

查证核对记录				现金盘点记录	
项目	行次	币别：	面额	币别： 张（枚）数	金额
一、盘点日账面库存余额	1		100元		
盘点日未记账收入（张）金额	2		50元		
盘点日未记账支出（张）金额	3		20元		
盘点日账面应存金额	4=1+2-3		10元		
二、盘点日库存实存金额	5		5元		
白条抵库金额	6		1元		
盘点日实存现金金额	7=5+6		5角		
三、盘点日应存与实存差额	8=4-7		1角		
四、追溯至报表日账面结存金额					
报表日至盘点日支出总额（含3行）	9				
报表日至盘点日收入总额（含2行）	10				
报表日应存金额	11=4+9-10				
报表日实存金额	12=7+9-10				
报表日应存与实存差额	13		实点 合计		
五、报表日账面汇率	14		存放地点：		
六、报表日折合本位币金额	15=11*14		盘点日期：		
			盘点人：		
会计主管：			出纳人员：		

工作底稿9-2　　　　　　　　**库存现金审定表**

被审计单位名称：_____　　　　索引号：_____　页次：_____

　　　　　　　　　　　　　　　　　　　　执行人：_____　日期：_____

会　计　期　间：_____　　　　复核人：_____　日期：_____

项目名称	期末未审数	账项调整		重分类调整		期末审定数	索引号
		借方	贷方	借方	贷方		

审计过程说明及审计调整分录：

库存现金项目的
实质性测试

项目3　　　　　银行存款项目的实质性测试

【实训目的】掌握银行存款项目的实质性测试方法。

【业务资料】2023年2月12日，审计人员赵雯对该公司的银行存款进行审计。2022年12月31日，银行存款账户余额为10 870 380元，核对了银行存款日记账与总账的余额，抽查了大额银行存款支出的原始凭证，并获取了资产负债表日所有银行存款户的对账单。在审计过程中，发现存在以下情况：

1.根据审计工作的安排，对基本存款账户（中国工商银行庆春支行）实施函证程序，截至2022年12月31日，具体资料如下：

（1）银行存款：活期存款（账户名称：中国工商银行庆春支行，账号：1228767683980791）；币种：人民币；利率：0.35%；余额：2 240 000元；无质押、抵押或其他使用限制情况。

（2）银行借款：借款人：杭州华丰有限责任公司；币种：人民币；借款期限：2022年6月30日—2023年7月1日；利率：5.6%；本金：6 500 000元；到期一次还本付息。抵押企业办公楼一幢，价值15 000 000元。借款主要用于生产资金的周转。

（3）截至函证日之前12个月内无任何注销的账户。

（4）杭州华丰有限责任公司未通过中国工商银行庆春支行办理委托存款、委托贷款等事项。

（5）杭州华丰有限责任公司不存在任何担保、票据贴现、托收商业汇票、信用证、外汇买卖合约等事项。未在中国工商银行庆春支行存放任何有价证券或其他产权文件。

（6）由杭州华丰有限责任公司为出票人，由中国工商银行庆春支行承兑但尚未支付的银行承兑汇票一张（号码：22803376），金额：426 800元；出票日：2022年11月27日；到期日：2023年3月27日。

银行存款函证的回函地址：杭州庆春东路118号（邮编：310020）；电话：0571-87629011；传真：0571-87629011。

2.审计人员通过对各银行存款户与对账单进行核对，除工商银行下沙经济开发区支行（账号：3980876768791090）的对账单与银行存款户存在未达账项外，其余各存款账单均核对一致。工商银行下沙经济开发区支行银行存款日记账账面余额是130 380元，银行对账单中银行存款余额是127 000元。经审查发现以下未达账项：

（1）12月29日，委托银行向东方公司收取前欠货款12 500元，银行已入账，收款通知尚未送达企业。企业于次年1月2日入账。

（2）12月31日，企业开出一张现金支票4 000元，企业已减少存款，银行尚未入账。银行已于次年1月1日入账。

（3）12月31日，银行已代付企业电话费2 500元，银行已入账，企业尚未收到付款通知。企业已于次年1月3日入账。

（4）12月31日，企业收到恒申公司支付货款的转账支票一张，共计17 380元。企业已收款入账，银行尚未入账。银行于次年1月2日入账。

3.2022年12月31日，公司在中国建设银行营业部开立的银行存款（美元户）账户余额为50 000美元（账号：90887453311102），公司银行存款日记账账面余额折合记账本位币（人民币）金额为410 000元。中国人民银行公布的2022年12月31日美元对人民币的中间汇率为1∶6.5767。

【实训要求】

1.根据相关业务资料，完成"银行询证函"工作底稿（具体见工作底稿9-3）。

2.根据相关业务资料，完成"银行存款余额调节表"工作底稿（具体见工作底稿9-4）。

3.根据相关业务资料，完成"银行存款审定表"工作底稿（具体见工作底稿9-5）。

【实训操作】

工作底稿9-3   **银行询证函**

编号：1256

_____（银行）：

    本公司聘请的_____会计师事务所正在对本公司_____年度财务报表进行审计，按照中国注册会计师审计准则的要求，应当询证本公司与贵行相关的信息。下列信息出自本公司记录，如与贵行记录相符，请在本函下端"信息证明无误"处签章证明；如有不符，请在"信息不符"处列明不符项目及具体内容；如存在与本公司有关的未列入本函的其他重要信息，也请在"信息不符"处列出其详细资料。回函请直接寄至_____会计师事务所。

回函地址：_____   邮编：_____

电话：_____   传真：_____   联系人：_____

截至_____年____月____日止，本公司与贵行相关的信息列示如下：

1.银行存款

账户名称	银行账号	币种	利率	余额	起止日期	是否被质押、用于担保或存在其他使用限制	备注

除上述列示的银行存款外，本公司并无在贵行的其他存款。

注："起止日期"一栏仅适用于定期存款，如为活期或保证金存款，可只填写"活期"或"保证金"字样。

2.银行借款

借款人名称	币种	本息余额	借款日期	到期日期	利率	借款条件	抵（质）押品/担保人	备注

除上述列示的银行借款外，本公司并无自贵行的其他借款。

注：此项仅函证截至资产负债表日本公司尚未归还的借款。

3.截至函证日之前12个月内注销的账户

账户名称	银行账号	币种	注销账户日

除上述列示的账户外，本公司并无截至函证日之前12个月内在贵行注销的其他账户。

4.委托存款

账户名称	银行账号	借款方	币种	利率	余额	存款起止日期	备注

除上述列示的委托存款外，本公司并无通过贵行办理的其他委托存款。

5.委托贷款

账户名称	银行账号	资金使用方	币种	利率	本金	利息	贷款起止日期	备注

除上述列示的委托贷款外，本公司并无通过贵行办理的其他委托贷款。

6.担保

（1）本公司为其他单位提供的、以贵行为担保受益人的担保

被担保人	担保方式	担保金额	担保期限	担保事由	担保合同编号	被担保人与贵行就担保事项往来的内容（贷款等）	备注

除上述列示的担保外，本公司并无其他以贵行为担保受益人的担保。

注：如采用抵押或质押方式提供担保的，应在备注中说明抵押或质押物情况。

（2）贵行向本公司提供的担保

被担保人	担保方式	担保金额	担保期限	担保事由	担保合同编号	备注

除上述列示的担保外，本公司并无贵行提供的其他担保。

7.本公司为出票人且由贵行承兑而尚未支付的银行承兑汇票

银行承兑汇票号码	票面金额	出票日	到期日

除上述列示的银行承兑汇票外，本公司并无由贵行承兑而尚未支付的其他银行承兑汇票。

8.本公司向贵行已贴现而尚未到期的商业汇票

商业汇票号码	付款人名称	承兑人名称	票面金额	票面利率	出票日	到期日	贴现日	贴现率	贴现净额

除上述列示的商业汇票外，本公司并无向贵行已贴现而尚未到期的其他商业汇票。

9.本公司为持票人且由贵行托收的商业汇票

商业汇票号码	承兑人名称	票面金额	出票日	到期日

除上述列示的商业汇票外，本公司并无由贵行托收的其他商业汇票。

10.本公司为申请人、由贵行开具的、未履行完毕的不可撤销信用证

信用证号码	受益人	信用证金额	到期日	未使用金额

除上述列示的不可撤销信用证外，本公司并无由贵行开具的、未履行完毕的其他不可撤销信用证。

11.本公司与贵行之间未履行完毕的外汇买卖合约

类别	合约号码	买卖币种	未履行的合约买卖金额	汇率	交收日期
贵行卖予本公司					
本公司卖予贵行					

除上述列示的外汇买卖合约外，本公司并无与贵行之间未履行完毕的其他外汇买卖合约。

12.本公司存放于贵行的有价证券或其他产权文件

有价证券或其他产权文件名称	产权文件编号	数量	金额

除上述列示的有价证券或其他产权文件外，本公司并无存放于贵行的其他有价证券或其他产权文件。

13.其他重大事项

注：此项应填列注册会计师认为重大且应予函证的其他事项，如信托存款等；如无则应填写"不适用"。

（公司盖章）　年　月　日

--- 以下仅供被询证银行使用 ---

结论：

1.信息证明无误。	2.信息不符，请列明不符项目及具体内容（对于在本函前述第1项至第13项中漏列的其他重要信息，请列出详细资料）。
（银行盖章） 年 月 日 经办人：	（银行盖章） 年 月 日 经办人：

工作底稿9-4　　银行存款余额调节表

被审计单位名称：＿＿＿＿＿＿＿＿＿＿　　索引号：＿＿＿＿ 页次：＿＿＿＿

执行人：＿＿＿＿ 日期：＿＿＿＿

会 计 期 间：＿＿＿＿＿＿＿＿＿＿　　复核人：＿＿＿＿ 日期：＿＿＿＿

银行名称及账号：　　　　　　　币别：

企业银行存款日记账余额：			银行对账单余额：			
单位及内容	企业入账日期	金额	企业入账日期	单位及内容	银行收、付日期	金额
加：银行已收，企业尚未入账金额			加：企业已收，银行尚未入账金额			
减：银行已付，企业尚未入账金额			减：企业已付，银行尚未入账金额			
调节后余额			调节后余额			

工作底稿9-5　　　　　　　　　　　　**银行存款审定表**

被审计单位名称：＿＿＿＿＿＿＿＿＿＿＿＿＿　　索引号：＿＿＿＿＿＿　页次：＿＿＿＿＿

　　　　　　　　　　　　　　　　　　　　　　执行人：＿＿＿＿＿＿　日期：＿＿＿＿＿

会 计 期 间：＿＿＿＿＿＿＿＿＿＿＿＿＿　　复核人：＿＿＿＿＿＿　日期：＿＿＿＿＿

项目名称	期末未审数	账项调整		重分类调整		期末审定数	索引号
		借方	贷方	借方	贷方		
合计							

审计过程说明及审计调整分录：

银行存款项目的
实质性测试

【实训小结】

货币资金与交易循环审计测试能力训练标准具体见表9-2。

表 9-2　　　　　　　货币资金与交易循环审计测试能力训练标准

序号	实训内容	能力训练标准
1	货币资金与交易循环的控制测试	➤ 实施货币资金与交易循环的控制测试
2	库存现金项目的实质性测试	➤ 实施库存现金项目的检查程序 ➤ 实施库存现金项目的监盘程序 ➤ 针对大额的库存现金项目实施审计程序 ➤ 编制审计调整分录，形成相关的审计工作底稿
3	银行存款项目的实质性测试	➤ 实施银行存款项目的检查程序 ➤ 实施银行存款项目的函证程序 ➤ 实施银行存款项目的截止测试程序 ➤ 针对大额的银行存款项目实施审计程序 ➤ 编制审计调整分录，形成相关的审计工作底稿

【实训评价】

货币资金与交易循环审计测试能力评价具体见表9-2。

表 9-3　　　　　　　货币资金与交易循环审计测试能力评价表

序号	评分项目	学生自评
1	货币资金与交易循环的控制测试	□优秀　□良好　□中等　□合格　□不合格
2	库存现金项目的实质性测试	□优秀　□良好　□中等　□合格　□不合格
3	银行存款项目的实质性测试	□优秀　□良好　□中等　□合格　□不合格
实训总结		
教师评价		教师签字：
综合评价		□优秀　□良好　□中等　□合格　□不合格

实训十　出具审计报告

【知识储备】

➢ 完成审计工作的业务流程与基本内容

➢ 汇总审计差异、编制试算平衡表的基本方法

➢ 评价审计结果、与治理层沟通、索取管理当局声明、完成质量控制复核、召开总结会、编制审计总结等相关内容

➢ 审计报告基本内容；审计报告的类型以及撰写方法

【业务流程】

出具审计报告的业务流程具体如图10-1所示。

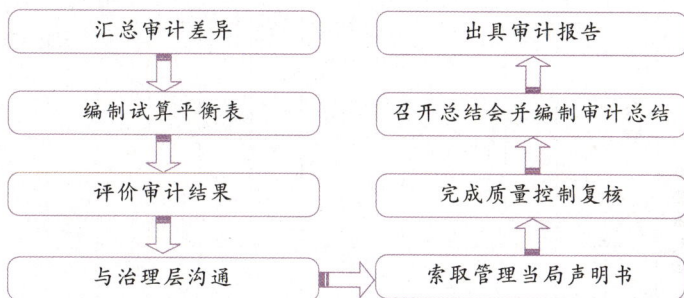

```
汇总审计差异              →    出具审计报告
    ↓                              ↑
编制试算平衡表            ←    召开总结会并编制审计总结
    ↓                              ↑
评价审计结果             ←    完成质量控制复核
    ↓                              ↑
与治理层沟通            →    索取管理当局声明书
```

图10-1　出具审计报告的业务流程

【实训内容】

出具审计报告的实训项目具体如图10-2所示。

```
出具审计报告 ─┬─ 审计差异的汇总
             ├─ 财务报表的试算平衡
             └─ 审计报告的撰写
```

图10-2　实训项目结构树

项目1　审计差异的汇总

【实训目的】掌握审计差异的汇总方法。

【业务资料】沿用实训二至实训九"业务资料"的相关内容。

【实训要求】

1. 完成"审计差异调整表——调整分录汇总表"工作底稿（具体见工作底稿10-1）。

2. 完成"审计差异调整表——重分类分录汇总表"工作底稿（具体见工作底稿10-2）。

3. 完成"会计账项调整科目汇总表（T表）"工作底稿（具体见工作底稿10-3）。

[实训操作]

工作底稿 10—1

审计差异调整表——调整分录汇总表

被审计单位名称：＿＿＿＿＿＿
会 计 期 间：＿＿＿＿＿＿

索引号：＿＿＿＿ 页次：＿＿＿＿
执行人：＿＿＿＿ 日期：＿＿＿＿
复核人：＿＿＿＿ 日期：＿＿＿＿

序号	索引号	调整事项说明	借或贷	科目名称	资产负债表		利润表		被审计单位调整情况及未调整原因
					借方	贷方	借方	贷方	

续表

序号	索引号	调整事项说明	借或贷	科目名称	资产负债表		利润表		被审计单位调整情况及未调整原因
					借方	贷方	借方	贷方	

续表

序号	索引号	调整事项说明	借或贷	科目名称	资产负债表		利润表		被审计单位调整情况及未调整原因
					借方	贷方	借方	贷方	

续表

序号	索引号	调整事项说明	借或贷	科目名称	资产负债表		利润表		被审计单位调整情况及未调整原因
					借方	贷方	借方	贷方	

续表

序号	索引号	调整事项说明	借或贷	科目名称	资产负债表		利润表		被审计单位调整情况及未调整原因
					借方	贷方	借方	贷方	

续表

序号	索引号	调整事项说明	借或贷	科目名称	资产负债表		利润表		被审计单位调整情况及未调整原因
					借方	贷方	借方	贷方	

续表

序号	索引号	调整事项说明	借或贷	科目名称	资产负债表 借方	资产负债表 贷方	利润表 借方	利润表 贷方	被审计单位调整情况及未调整原因

续表

序号	索引号	调整事项说明	借或贷	科目名称	资产负债表		利润表		被审计单位调整情况及未调整原因
					借方	贷方	借方	贷方	

续表

序号	索引号	调整事项说明	借或贷	科目名称	资产负债表		利润表		被审计单位调整情况及未调整原因
					借方	贷方	借方	贷方	
				合计					

工作底稿10-2　　**审计差异调整表——重分类分录汇总表**

被审计单位名称：＿＿＿＿＿＿＿＿＿＿＿＿　　索引号：＿＿＿＿＿　页次：＿＿＿＿＿

执行人：＿＿＿＿＿　日期：＿＿＿＿＿

会　计　期　间：＿＿＿＿＿＿＿＿＿＿　　复核人：＿＿＿＿＿　日期：＿＿＿＿＿

序号	索引号	调整事项说明	借或贷	科目名称	资产负债表		利润表		被审计单位调整情况及未调整原因
					借方	贷方	借方	贷方	
		合计							

说明：

1.本表用于汇总审计过程中发现需调表不调账的重分类的事项；

2.必须先逐项列明应重分类调整的事项、内容，再列示重分类调整分录；

3.根据重分类借、贷方归属资产负债表或利润表，将其对应金额分别填入“资产负债表”或“利润表”的“借方”或“贷方”；

4.索引号根据该重分类分录所在审计工作底稿索引号填列；

5.调整内容来源于有关项目工作底稿。

工作底稿 10-3　　　　　　　**会计账项调整科目汇总表（T 表）**

被审计单位名称：_____　　索引号：_____　页次：_____

　　　　　　　　　　　　　　　　　　　　　　执行人：_____　日期：_____

会 计 期 间：_____　　复核人：_____　日期：_____

独立·客观·公正

（空白表格）

审计差异的汇总

项目2　　　　　　　　　财务报表的试算平衡

【实训目的】掌握财务报表试算平衡的方法。

【业务资料】沿用实训十项目1的相关业务资料。

【实训要求】

1. 完成"试算平衡表——资产负债表"工作底稿（具体见工作底稿10-4）。

2. 完成"试算平衡表——利润表"工作底稿（具体见工作底稿10-5）。

【实训操作】

工作底稿10-4　　　　　　　　　**试算平衡表——资产负债表**

被审计单位名称：＿＿＿＿＿＿＿＿＿＿＿＿　　　索引号：＿＿＿＿＿　页次：＿＿＿＿＿

　　　　　　　　　　　　　　　　　　　　　　　执行人：＿＿＿＿＿　日期：＿＿＿＿＿

会 计 期 间：＿＿＿＿＿＿＿＿＿＿＿＿＿　　复核人：＿＿＿＿＿　日期：＿＿＿＿＿

索引号	报表项目名称	未审金额	调整余额		重分类调整	审定金额
			借方	贷方		
	流动资产：					
	货币资金	12 016 000				
	交易性金融资产	8 101 853				
	应收票据					
	应收账款	10 751 320				
	预付款项	12 277 000				
	其他应收款	8 664 700				
	存货	112 047 800				
	持有待售资产					
	一年内到期的非流动资产					
	其他流动资产					
	流动资产合计	163 858 673				
	非流动资产：					
	债权投资					
	其他债权投资					
	长期应收款					
	长期股权投资	96 126 200				
	其他权益工具投资					
	投资性房地产					
	固定资产	242 107 900				
	在建工程	136 864 300				
	生产性生物资产					

续表

索引号	报表项目名称	未审金额	调整余额		重分类调整	审定金额
			借方	贷方		
	油气资产					
	无形资产	32 493 000				
	开发支出					
	商誉					
	长期待摊费用	5 559 700				
	递延所得税资产					
	其他非流动资产					
	非流动资产合计	513 151 100				
	资产总计	677 009 773				
	流动负债:					
	短期借款	19 500 000				
	交易性金融负债					
	应付票据	1 446 800				
	应付账款	12 147 500				
	预收款项					
	应付职工薪酬	27 652 500				
	应交税费	9 924 400				
	其他应付款	91 262 600				
	一年内到期的非流动负债					
	其他流动负债					
	流动负债合计	161 933 800				
	非流动负债:					
	长期借款	135 800 000				

续表

索引号	报表项目名称	未审金额	调整余额		重分类调整	审定金额
			借方	贷方		
	应付债券					
	长期应付款					
	租赁负债					
	预计负债					
	递延收益					
	递延所得税负债					
	其他非流动负债					
	非流动负债合计	135 800 000				
	负债合计	297 733 800				
	所有者权益:					
	实收资本	173 700 000				
	其他权益工具					
	资本公积	80 485 800				
	减：库存股					
	其他综合收益					
	盈余公积	75 493 773				
	未分配利润	49 596 400				
	所有者权益合计	379 275 973				
	负债和所有者权益总计	677 009 773				

工作底稿 10—5

试算平衡表——利润表

被审计单位名称：＿＿＿＿＿＿＿　　　　　　　　　　　　　索引号：＿＿＿＿＿　页次：＿＿＿＿＿

会　计　期　间：＿＿＿＿＿＿＿　　　　　　　　　　　　　执行人：＿＿＿＿＿　日期：＿＿＿＿＿

　　　　　　　　　　　　　　　　　　　　　　　　　　　　复核人：＿＿＿＿＿　日期：＿＿＿＿＿

索引号	报表项目名称	未审金额	调整余额		重分类调整	审定金额
			借方	贷方		
	一、营业收入	399 032 600				
	减：营业成本	190 931 500				
	税金及附加	42 738 100				
	销售费用	34 455 400				
	管理费用	69 122 100				
	研发费用	0				
	财务费用	3 036 500				
	加：其他收益（损失以"-"号填列）	0				
	投资收益（损失以"-"号填列）	4 627 480				
	其中：对联营企业和合营企业的投资收益	2 809 100				
	公允价值变动收益（损失以"-"号填列）	0				
	信用减值损失（损失以"-"号填列）	-1 776 580				
	资产减值损失（损失以"-"号填列）	0				
	资产处置收益（损失以"-"号填列）					
	二、营业利润（亏损以"-"号填列）	64 409 000				
	加：营业外收入	202 000				

续表

索引号	报表项目名称	未审金额	调整余额 借方	调整余额 贷方	重分类调整	审定金额
	减：营业外支出	0				
	三、利润总额（亏损总额以"-"号填列）	64 611 000				
	减：所得税费用	15 014 600				
	四、净利润（净亏损以"-"号填列）	49 596 400				
	（一）持续经营净利润（净亏损以"-"号填列）	49 596 400				
	（二）终止经营净利润（净亏损以"-"号填列）					
	五、其他综合收益的税后净额	49 596 400				
	（一）不能重分类进损益的其他综合收益					
	（二）将重分类进损益的其他综合收益					
	六、综合收益总额	49 596 400				
	七、每股收益					
	（一）基本每股收益					
	（二）稀释每股收益					

财务报表的试算平衡

项目3　审计报告的撰写

【实训目的】掌握审计报告的撰写方法。

【业务资料】2023年3月5日审计小组结束外勤工作，与杭州华丰有限责任公司进行沟通，公司同意审计人员对财务报表的相关调整事项，并由审计人员协助公司财会人员完成相关账项调整。大地会计师事务所于2023年3月15日向杭州华丰有限责任公司提交一式五份的无保留意见审计报告，整理归档该项目的审计工作底稿，结束本次审计任务。

【实训要求】根据相关业务资料，请代注册会计师撰写审计报告。

【实训操作】

【实训小结】

出具审计报告能力训练标准具体见表10-1。

表 10-1　　　　　　　　　　出具审计报告能力训练标准

序号	实训内容	能力训练标准
1	审计差异的汇总	➤汇总编制核算误差审计差异调整表 ➤汇总编制重分类误差审计差异调整表 ➤编制未调整不符事项汇总表 ➤与被审计单位沟通审计差异，形成相关审计工作底稿
2	财务报表的试算平衡	➤编制资产负债表试算平衡表 ➤编制利润表试算平衡表 ➤与被审计单位沟通试算平衡表，形成相关审计工作底稿
3	审计报告的撰写	➤根据沟通与复核意见确定报告类型，草拟审计报告 ➤完成审计报告及其后附财务报表、财务报表附注

【实训评价】

出具审计报告能力评价具体见表10-2。

表 10-2　　　　　　　　　　出具审计报告能力评价表

序号	评分项目	学生自评
1	审计差异的汇总	□优秀　□良好　□中等　□合格　□不合格
2	财务报表的试算平衡	□优秀　□良好　□中等　□合格　□不合格
3	审计报告的撰写	□优秀　□良好　□中等　□合格　□不合格
实训总结		
教师评价		教师签字：
综合评价		□优秀　□良好　□中等　□合格　□不合格

参考文献

［1］李华. 审计实务［M］. 北京：中国人民大学出版社，2014.

［2］李晓慧. 审计学：实务与案例［M］. 北京：中国人民大学出版社，2011.

［3］朱明. 审计业务全真实训［M］. 北京：清华大学出版社，2013.

［4］海占芳. 审计实训［M］. 北京：清华大学出版社，2014.

［5］耿慧敏，景刚，张丽. 审计实训教程［M］. 3版. 大连：东北财经大学出版社，2018.

［6］刘维. 审计基础与实务［M］. 北京：经济科学出版社，2010.

［7］中国注册会计师协会. 审计［M］. 北京：中国财政经济出版社，2023.

附录 实训教学操作指南

一、实训要求

本课程的实训旨在提升学生发现问题、分析问题与解决问题的综合职业能力，要求学生了解并运用会计报告年报审计业务的相关基础知识，掌握处理会计报告年报审计业务的基本方法与技能，养成独立、客观、公正、诚实守信、善于沟通、团队合作的职业素养。

二、实训目标

1.能开展初步业务活动，能根据被审计单位情况拟定审计业务约定书。

2.会评估被审计单位的固有风险、控制风险等重大错报风险，并根据审计风险确定被审计单位的检查风险。

3.会确定被审计企业的报表层次与各类交易、账户余额、列报认定层次的重要性水平。

4.能根据总体审计策略，制订各项具体审计计划。

5.能收集充分、适当的审计证据，对被审计单位实施风险评估程序。

6.能收集充分、适当的审计证据，对被审计单位实施控制测试。

7.能收集充分、适当的审计证据，对被审计单位的报表项目实施实质性程序。

8.具备根据审计实施过程，正确填制审计工作底稿的能力。

9.具备撰写审计报告的能力。

10.具备一定沟通能力和组织协调能力。

三、实训内容

本课程遵循"职业能力导向"原则，以注册会计师审计实务的业务案例为载体，以中国注册会计师执业准则及其应用指南为基准，以重大错报风险的识别、评估和应对的风险导向审计为主线，以审计循环测试为重点，以审计工作底稿的填制为核心，突出对学生审计职业能力的培养与训练。整个实训体系共设置10个实训单元39个实训项目，具体见表1。

表1　　　　　　　　　　　　审计实训单元项目明细表

序号	实训单元		实训项目
实训一	审计基本技能	1	检查程序
		2	重新计算程序
		3	分析程序
实训二	接受业务委托	4	审计独立性的判断
		5	审计业务的承接
		6	审计业务约定书的签订
实训三	计划审计工作	7	审计人员的确定
		8	审计目标的确定
		9	重要性水平的确定

续表

序号	实训单元		实训项目
实训三	计划审计工作	10	审计风险的评估
		11	审计计划的制订
实训四	实施风险评估程序	12	被审计单位及其环境的了解
		13	被审计单位重大错报风险的评估
实训五	销售与收款循环审计测试	14	销售与收款循环的控制测试
		15	收入项目的实质性测试
		16	应收账款项目的实质性测试
		17	增值税项目的实质性测试
		18	销售费用项目的实质性测试
实训六	采购与付款循环审计测试	19	采购与付款循环的控制测试
		20	应付账款项目的实质性测试
		21	固定资产项目的实质性测试
		22	无形资产项目的实质性测试
		23	管理费用项目的实质性测试
实训七	存货与仓储循环审计测试	24	存货与仓储循环的控制测试
		25	原材料项目的实质性测试
		26	生产成本项目的实质性测试
		27	销售成本项目的实质性测试
		28	应付职工薪酬项目的实质性测试
实训八	筹资与投资循环审计测试	29	筹资与投资循环的控制测试
		30	银行借款项目的实质性测试
		31	实收资本项目的实质性测试
		32	交易性金融资产项目的实质性测试
		33	所得税费用项目的实质性测试
实训九	货币资金与交易循环审计测试	34	货币资金与交易循环的控制测试
		35	库存现金项目的实质性测试
		36	银行存款项目的实质性测试
实训十	出具审计报告	37	审计差异的汇总
		38	财务报表的试算平衡
		39	审计报告的撰写

四、实训流程

本课程的实训采取单人单岗的训练模式，实训环境无特殊要求，普通教室和实训教室均可以开展相关的实训活动。实训时间一般在10~12周左右，实训课时为30~36学时左右，建议配合理论教学进行同步的实践训练，具体实训流程如图1所示。

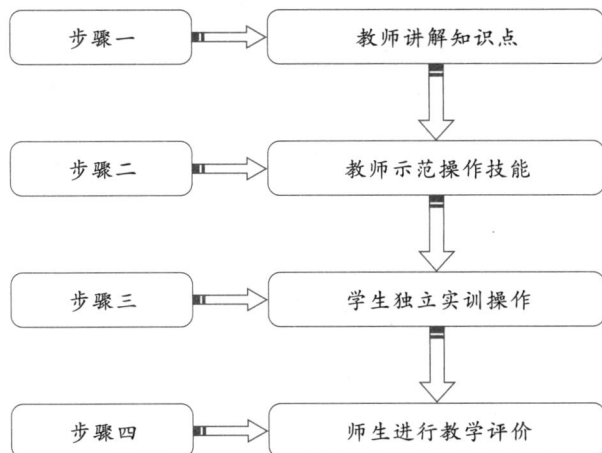

```
步骤一  ━▷  教师讲解知识点
                    ↓
步骤二  ━▷  教师示范操作技能
                    ↓
步骤三  ━▷  学生独立实训操作
                    ↓
步骤四  ━▷  师生进行教学评价
```

图1　审计实训流程图

五、实训评价

本课程采取能力考核与素质考核相结合、教师考核与学生评价相结合的考核方法，体现对学生的专业知识、业务技能、职业素养等多方面的评价要求。能力考核主要包括职业判断能力训练、职业分析能力训练、职业操作能力训练等三个部分，由教师进行考核评分；素质考核主要考核学生在能力训练过程中的工作计划、过程实施、职业态度、合作交流、资源利用、组织纪律等方面过程表现，由教师和相关学生共同评分。具体考核表见表2。

表2　　　　　　　　　　　　　　审计实训评价明细表

考核模块及比重	考核项目	考核项目分值权重	考评主体
能力考核（70%）	职业判断能力训练	28%	教师
	职业分析能力训练	28%	教师
	职业操作能力训练	14%	教师
素质考核（30%）	工作计划	5%	教师、学生
	过程实施	5%	教师、学生
	职业态度	5%	教师、学生
	合作交流	5%	教师、学生
	资源利用	5%	教师、学生
	组织纪律	5%	教师、学生

富媒体智能型教材使用说明

在信息技术迅猛发展的今天，学生学习模式发生翻转，尤其是职业院校学生，其抽象思维相对较弱、形象思维较强，因此，符合职业教育学生特点和认知规律的富媒体智能型教材和个性化学习解决方案是提高职业教育人才培养质量的关键，也是未来职业教育教材出版的制高点。

"财经高等职业教育富媒体智能型教材开发系统工程"是传统媒体与新媒体融合、合作研发的产物。在产品操作层面将力争做到五项融合，即纸媒与数字、产与教、教与学、学与训、训与评的有机融合，有效提高并全面检验学生学习效果和教师教学质量。从教材形式来说，实现纸媒与数字媒体的融合；从教材内容来说，实现产与教的融合；从教学过程来说，实现教与学的融合；从教学模式来说，实现学习与实训的融合；从教学效果来说，实现实训与考评的融合。

"财经高等职业教育富媒体智能型教材开发系统工程"是国家新闻出版广电总局新闻出版改革发展项目库入库项目，并获得财政部文化产业专项资金支持。

数字化教学平台通过系统、有机的框架设计，将各类辅助教学资源整合在一起，具备教学管理、内容呈现、学习数据分析、学习过程支持等核心功能，是开展信息化教学的得力保障。

富媒体智能型教材体例新颖、配套齐全，以"融合""共享""互动"为特色，既在纸质教材上为习惯于传统教学模式的使用者增加了二维码扫描功能，以体验形式多样、内涵丰富的教学内容，也为走在教学改革前沿的使用者提供了一个具有良好互动性的教学载体。

使用富媒体智能型教材的师生在"财道书院"（www.idufep.com）教学服务平台上完成注册，并输入本教材封四学习卡中的激活码，就可以使用本教材精心配套的微课视频、动画、音频、图文和试题库等全媒体资源。与此同时，教师还可以在此基础上随时更新、完善与教材及教学相关的资源而开展定制化、个性化教学。

同时，使用富媒体智能型教材的师生可以下载 App 客户端，开展点名、作业布置、成绩统计分析等互动式教学活动。

东北财经大学出版社

2023 年 8 月

国家文化产业资金支持媒体融合重大项目

浙江省优势专业建设成果
全国高等教育财务会计类专业教材

审计实训 （第三版）

Training for Auditing

李华　主编

东北财经大学出版社
Dongbei University of Finance & Economics Press

国家一级出版社
全国百佳图书出版单位